现代思想政治教育体系的构建与发展

吴艳萍　李　欣　于　慧◎著

北京燕山出版社
BEIJING YANSHAN PRESS

图书在版编目（CIP）数据

现代思想政治教育体系的构建与发展 / 吴艳萍，李欣，于慧著. —北京 ： 北京燕山出版社，2024. 8.

ISBN 978-7-5402-7334-7

Ⅰ. D64

中国国家版本馆 CIP 数据核字第 20241CW065 号

现代思想政治教育体系的构建与发展

作　　者　吴艳萍　李　欣　于　慧

责任编辑　王　迪

出版发行　北京燕山出版社有限公司

社　　址　北京市西城区椿树街道琉璃厂西街20号

电　　话　010-65240430

邮　　编　100052

印　　刷　北京四海锦诚印刷技术有限公司

开　　本　710mm × 1000mm　1/16

字　　数　177千字

印　　张　12

版　　次　2025 年 3 月第 1 版

印　　次　2025 年 3 月第 1 次印刷

定　　价　76.00 元

作者简介

吴艳萍，2001 年毕业于河北师范大学思想政治教育专业，大学本科，硕士学位，现任职于河北司法警官职业学院。参与课题 3 项，发表论文 6 篇，参与教材编写 3 部。

李欣，讲师，硕士研究生，就职于锦州师范高等专科学校马克思主义学院，主要从事思想政治课程一线教学工作，并有丰富的高校思政工作经验。参与过多项科研工作，并发表《新时代高校思政课程引领课程思政建设的逻辑理论探讨》《工匠精神培养与高职思政课程教学融合思考》《网络视域下高职高专思想政治教育存在的问题与对策》等多篇论文。

于慧硕士研究生，河南工业职业技术学院党委宣传部理论教育科科长，讲师，研究方向为思想政治教育。出版著作 3 部，编写教材 1 部，发表论文 10 篇，主持项目 7 项，荣获河南省高等学思想政治工作先进个人、河南省文明班级班主任、河南省军工系统优秀教师等荣誉称号。

前言

思想政治教育是学校教育工作的重点之一。随着互联网信息技术的快速发展，学校传统的思想政治教育体系建设已经不能满足新时代学生的发展需求。在教育改革的推动下，学校也必须针对思想政治教育体系建设做出有针对性的改革，优化思想政治教育方案，结合时代发展的特点推进思想政治教育工作的创新。在学生思想政治教育的过程中，必须确立以人为本、德育为先的理念，对学校教育的特殊性进行全面的认识。要建立思政教育管理和内部控制体系，强化两课的阵地作用，加强学生工作队伍建设，并充分发挥校园文化、心理健康教育和网络的作用。要将德育评价作为学校整体教育控制目标，由此对思想政治教育过程进行调控，从而提高整体教育效果。

思想政治教育在当今社会中具有重要意义。它可以帮助人们更好地理解并遵守社会规范，提高个人的道德素质，促进社会的和谐稳定。通过思想政治教育，人们可以更好地认识到自己的责任和义务，增强社会的凝聚力和向心力。本书讲述了思想政治教育学基本概念、基本规律，思想政治教育的目标与环境，思想政治教育的内容，思想政治教育的方法和途径，思想政治教育的过程，最后从不同的背景下分析了思想政治教育以及基于现代教育技术的思想教育教学。希望可以在今后相关的工作人员开展这个领域中的研究工作时起到一定程度的借鉴性作用，从而在我国思想政治教育创新发展的过程中起到一定程度的推动性作用。

在本书的策划和写作过程中，曾参阅了国内外有关的大量文献和资料，从中得到启示；同时也得到了有关领导、同事、朋友及学生的大力支持与帮助。在此致以衷心的感谢！本书的选材和写作还有一些不尽如人意的地方，加上作者学识水平和时间所限，书中难免存在缺点和谬误，敬请同行专家及读者指正，以便进一步完善提高。

著　者

2024年2月

目　录

第一章　思想政治教育的基础认知

第一节　思想政治教育的基本内涵、原则及功能

一、新时期思想政治教育的基本内涵

广义上的思想政治教育，指一个群体为了巩固自己的统治、维护自身利益和顾全大局发展，而对其群体内全部成员的思想意识施加影响，通过灌输符合自身阶级统治利益的思想政治观点和道德模范等，实现群体成员思想道德符合阶级统治发展要求的思想道德标准。学校思想政治教育是指学校教育者按照规定的教育机制和符合时代的教育理念，采取一定的教育手段，根据社会发展的需求和教学目标的要求，对受教育者即学生进行有计划、有目的、有组织的思想道德的教育和政治素养的培养。通俗来讲，就是对在校学生思想意识统一地加以影响，使其形成与社会发展所需的思想道德标准相符的思想观念、道德品质，为国家未来储蓄人才。这是学校一项教育目的明确、教育内容具体的活动。当前我国的学校为了达到其相应的教育成效，将理论灌输法与实践教育法有机融合。

（一）思想政治理论教育

学校通过思想政治理论课的课程学习，加深学生的思想政治知识底蕴。就目前而言，学校的理论灌输法不仅体现在相关的课程中，也体现在通过党组织推优及党员培养的方式进行思想政治教育。①通过对团员的推优，安排学习党课知识，配合完成党内实践活动等，在思想政治教育的过程中完成团员向党员政治身份的转变。②通过对党员党内知识的培训和定期召开党内学习会议等活动，一方面，考查和考核学生的思想意识和行为道德；另一方面，更加强化了学生的政治素养。这种教育方式一般以非固定课程教育的形式在学生中开展。这些理论课程不仅包含了马克思基本原理、方法及思想精髓的讲授，还包括马克思主义中国化

的具体内容的讲授。从目前来看，学校的理论灌输法的具体教学模式和环节包括理论的教授、学习、宣传、培训及研讨等环节，是学校开展思想政治教育最基础，同时也是最高效的方式。

（二）通过实践锻炼法开展教育活动

简而言之，就是通过合理计划、明确目的，引导和组织学生参加形式多样的、能够提升其思想意识和道德素质的社会实践活动。在多样化的实践锻炼活动选择中，既要顾及学生的年龄特点、性格特征、学习能力，以及不同年级等多方面因素，也要同时兼顾将适当的教学内容加以融入，彰显实践活动的教育性。通过实践教育活动提升学生的思想觉悟和认识能力，强化理论灌输的知识和内容，达到理论知识内化的目的。但是，为数不多的实践活动所呈现的教育力度和成效是微乎其微的，因此学校必须长期坚持实践活动，才能使学生在反复的实践中提升认识，并将认识内化为自身信念。

（三）提供咨询辅导

除此之外，学校思想政治教育的方式还包括咨询辅导法。该方法指教育者通过语言、文字等形式，并结合专业的科学理论和指导技巧，与受教育者进行沟通交流，对其进行思想启发和心理引导。

（四）学校辅导员的教育

作为学校思想政治教育的重要方法之一，最主要的教育力量就是学校辅导员，学校也越发重视其队伍的建设。辅导员是学校思想政治教育队伍的重要分支，对学生思想政治教育工作而言肩负重任，全国学校严格按照 1：200 的学校教师和学生比例设置辅导员岗位，以确保学生咨询辅导的质量。

（五）树立正确的道德观

道德观体现了一个人的道德意识和水平，马克思主义道德观主要表现为一个人在处理个人与社会集体关系、个人与他人之间的关系所遵守的准则。人的道德观核心是个人行为在个人利益中所占比重的大小。个人所处的环境不同、社会阶级不同则会形成不同的道德观。学校思想政治教育工作中的思想道德修养教育也应围绕新时代道德观展开。新时代道德观继承了马克思主义全心全意为人民服务的基本立场，始终辩证唯物地看待问题，同时在马克思主义道德观上进行了丰富和发展，又蕴含了优秀的中华传统文化的思想。新时代道德观要求学生树立讲文明、讲诚信、知行合一的道德观，艰苦奋斗、无私奉献、为人民服务的道德观。

学校思想政治教育的根本宗旨是立德树人，把道德观教育贯穿到思想政治教育的全过程中去，对学生进行道德观教育在学校思想政治教育工作中占有举足轻重的分量，接受道德观教育需要学校、社会、家庭的多方面努力，引导学生自觉抵制个人主义、享乐主义、拜金主义，从而修身立德、成长成才。

（六）树立正确的世界观、人生观、价值观

学生作为青年群体，思想上处于不够成熟稳定的发展阶段，如何解决好学生在思想方面遇到的问题至关重要。学校思想政治教育内容的系统性就对这一问题进行了回答，用什么来培养新时代的学生，把什么内容教给学生，体系中教育内容这一要素怎样配合学校思想政治教育工作中的其他要素，确保各要素协调一致、同向同行，确保思想政治教育建设的有效性，可以看出在体系建设中教育内容这一要素起到了支撑作用。学校思想政治教育的内容包括学生普遍认可的“三观”的内容，也包括政治观和道德观，还要纳入社会主义核心价值观的内容才算完整。思想政治教育内容在思想政治教育建设中具有决定性的意义，它是思想政治教育系统的第一要素。

关于“三观”的教育正是思想政治教育中的基础理论教育，要想培养拥护党的方针政策、政治觉悟高、思想先进的学生，就要对学生开展“三观”教育，坚持马克思主义理论教育，这是引导学生提升“三观”的根本路径，是塑造青年学生思想灵魂的基础。

（七）思想政治教育必须适应我国社会发展的客观实际

人民群众作为社会的主人，其本质是一切社会关系的总和。因此，个体所拥有的社会关系，以及社会意识等因素，不仅会对人民思想的变化发展产生影响，而且还会对其起到制约的作用。思想政治教育对于个体与群体的思想转化都要加

以重视，并且要重视社会风气及舆论能够起到的作用。这就要求思想政治教育出发点与立足点一定要是社会发展的实际以及人民的思想疑难问题现状，不仅应该将人民看成是一个整体，在相同的起点上进行教育，又应该对千差万别的人民思想疑难问题深入细致地进行研究，并对其加以有效解决。这样一来，就能够让理论与实践紧密地联系起来，让思想政治教育本身的针对性及有效性得到增强。要想对人民思想发展变化的规律有准确的了解与掌握，那么就只能与实际紧密贴合，做好与之相关的调查研究工作，让思想政治教育的针对性、系统性以及创造性不断得到增强。

二、新时期思想政治教育的原则

（一）坚持把好方向

新时代学生的思想受社会关系和社会环境的影响程度不容小觑，尤其是在自媒体环境下，各种网络信息充斥在学生周围且快速传播，各方面的因素都影响着他们正确价值观的形成，这就需要我们在发现问题时及时做好思想政治教育工作。

1. 加强政治认同教育

学生作为文化素质较强、政治素质较高的群体，是祖国未来的希望和接班人，他们对现存的政治体系的认同不仅关系到自身素质的培养和完善，也关系到整个社会的和谐稳定。现阶段，学生政治认同最重要、最核心的一点是对中国特色社会主义道路理论和制度的认同，并且当前整体状况还是积极良性的。但由于学生思维活跃，政治敏锐性较强，在入学、就业、自身权利保障和家庭利益诉求等方面可能会对现状不满意，出现政治认同危机。受不可逆转的经济全球化浪潮的影响，中国社会整体进入了信息化阶段，已逐步形成多元思想文化碰撞的格局，生活在当下信息泛滥的环境中，各种没有经过过滤和甄别的信息充斥于学生们的现实生活当中，学生对政治价值和政治规范的认知尚且不足，因而容易导致他们的政治认同与信仰会有动摇。针对这种情况，如果对学生缺乏准确及时的教育引导，定会对个人甚至国家造成巨大损失。

所以，学校教育工作必须结合当前的实际情况与时俱进，关注学生在新形势下所处的校内外环境和所接触人际关系的变化，更准确地把握影响学生政治认同形成变化的关键要素，创新地运用教育载体，构建与学生身心实际相适应的思想政治教育新模式。只有把握学生的成长规律，真正了解到学生的所思所想，找到他们容易接受的教育方式方法，才能引导学生形成政治认同，把思想政治教育做到实处并使之有效。

2. 提升思想认同意识

一种思想、理论被群众认可即可能产生巨大的力量，从而转化为人们的思想观念，对人们的行为产生实质性的影响。思想认同是深深植根于人们的头脑之中，是建立在对习近平新时代中国特色社会主义思想的理性认知和准确把握基础之上的彻底认同。但新时代下的学生价值观多样多元，受复杂环境的影响，他们的价值观念和思想行为受到不同程度的干扰。因此，用新思想武装学生，开展有效的思想认同教育，提升新思想的号召力、说服力、亲和力和覆盖面，将成为解决这一时代课题重要的一环。

学校思想政治教师作为学生成长路上的导向者，是党的相关理论的传播者，应以身示范，从学生接受教育的源头上做好深切感悟新思想的丰富内涵，科学把握其理论渊源与实践基础、历史地位与指导意义，激发学生对它的认同感，并在此基础上，教育学生产生思想认同，自觉规范政治行为。由于当前新媒体传播速度快，广大青年学生获取信息的渠道多，且学生在思维方式、价值判断和生活习惯等诸多方面呈现出自身的特点，因而学校教师应切忌照本宣科，讲一些“假大空”的套话，应善于运用贴近实际、贴近生活、贴近学生的实例去感染学生，加强学生对新思想的认同感。同时，也可以灵活运用新媒体技术，改进教育教学的方式手段，引导、教育学生主动学习、接受新思想并产生亲近感，由知识的认知向内心价值的认同转变。

3. 促进情感认同融入

帮助学生健康成长，为国家培养可靠的社会主义事业接班人是学校教育的职责所在。但在实际教育实践过程中，由于思想政治理论课与其他课程教育不同，它本身无法像其他课程一样进行客观尺度的量化评定，社会对其衡量度还不深入完善，因而学生自己也不够重视。而我们又不能光靠对抽象理论的空洞说教和僵硬的制度约束来改变这一现象，对学生进行思想政治教育是一个需要注入情感的过程，学生一旦获得情感认同，教师就能根据思想政治教育的要求去规范约束其思想和行为。

因此，加强情感认同的整合，充分调动学生的积极情感因素，通过情感搭建学生和教师之间的桥梁是明智之举。触动学生内心深处最朴素、最柔软的地方，使其增强对教育内容和方式的认同度，激发同理心，必要时还可“投其所好”，让学生自觉自发地认同马克思主义及我们党的路线、方针、政策。因此，学校思想政治教育不应是一律共性地强制灌输和考核，应遵从学生个性化的成长规律，充分考虑每个学生的道德认知和情感需求，努力实现在心理情感方面与之产生共鸣，使学生听之可信、信之能行、行之有效。

（二）知行统一

思想政治教育教学绝对不是学习文件、材料，或者从各个有关学科拼凑起来的知识的集合，它应当有一个自己的学科体系。在这个方面，我们优秀传统文化中的教育思想有丰富的案例，可以好好研究。我们要建设自己思想政治教育教学基本体系，建设我们共产党人自己的理学，建设我们共产党人自己的心学。思想政治教育教学就是理学、心学，理学就是指规律之学，心学就是指修养之学，围绕规律之学、修养之学，践行立德树人的职责、根本使命，来完成这个根本任务。知行统一原则就是思想政治教育教学所要追求的最终目标。知行统一就是理论与实际相结合。思想政治教育的教学重点就是使学生的思想和行为在实践中达到一致，理论对实践有指导作用，实践是检验理论正确与否的唯一标准，马克思主义的认识论中明确要求我们要用理论联系实际的方法去认识客观事物，这既是对客观事物进行正确认识的原则，也是构建任何教学体系都需要遵循的原则。

行动是获得知识的动力，思想政治教育教学作为指导教学实践行动最基本的理论指南，它首先必须是正确的科学的知识，进而又能指导教学行动的正确方向。思想政治教育教学与学生的思想行为密切相关，是培养学生的思想道德素质，使学生更好地认识社会主义主流价值观，形成社会所认同的思想政治观念，并用以指导实践，即教学就是转变或提升学生思想的过程，这一过程只有通过学生在认知上的转变和提升才能实现，只有让学生在对正确的思想观念进行了解、学习的基础上，还坚信这一观念的真理性，并用以实践，形成知行统一，才能说达到了教学目的。知而不行，那“知”就失去其意义。对于思想政治教育教学来说，这样的教学就是失败的教学。知是前提，而行是目的，知行统一才能达到用正确的理论指导实践的目的。因此，遵循知行统一原则有助于思想政治教育教学实效性的提高与目标的达成。在研究思想政治教育教学时遵循这一原则可以在研究过程中避免教学中教条化、公式化的倾向，坚持这一原则是正确建构合理的保障，进而使其教学范畴有助于解决“知”与“不知”、“行”与“不行”的矛盾，这才是科学的范畴。在思想政治教育教学中，要使学生对基本理论的形成、发展的过程有基本的了解。因此，要通过对理论产生的背景进行阐述，从而引领学生感受理论的形成、发展的过程。有了这样一个感同身受的接收过程，才能在获得知识之后有一个与“知”相一致的“行”，思想政治教育教学的构建也必须遵循知行统一的原则。

（三）注重贴近实际

思想政治教育重点是做“人”的工作，受家庭、学校和社会等各方面因素的影响，新时代下学生的成长发展呈现出崭新的特点，这就要求教育者在教育过程中不能千篇一律、毫无生气，而应切实遵循学生成长规律，时刻关注学生的思想实际和身心特点，注重人性关怀，了解学生的成长需要，并让学生从思想政治教育中有所进步，增强受教获得感。

1. 关注学生的身心特点

人的个性是独立的个体在社会实践生活中形成的、区别于他人的特质，新时代学生的显著个性主要表现为精力旺盛、个性鲜明、思维观念多样且多变。这要求我们在教育过程中应当尊重学生成长规律，把握他们的思想实际和身心特点，拒绝千篇一律，做到因人而异、因材施教，理解尊重学生的个性差异，包容看待存在特殊情况的个体，针对不同主体的不同情形，对学生进行有区别、有分类的教育工作，为学生个性的充分自由发展提供空间，运用学生喜欢的合理方式进行教育，让他们真切感受到被尊重，进而培育健康、积极的人格。譬如，学校可以借助多种网络新途径，整合线上线下的相关教育资源，运用各式各样的、契合学生思想实际的形式，以激发青年学生强烈的思想共鸣，使其自主将所学内容内化为价值观念，外化为切实行动，提升教育效果。

2. 服务学生的成长需要

新时代学生的生理和心理更加成熟，主体意识逐渐增强，主体需要的层次也在逐渐提高。因此，教师要紧抓课上和课下时间，尤其是氛围轻松、学生防备心较轻的课下时间，多与学生接触，了解掌握他们的个性特点，格外关注他们的成长发展需求和心理感受，并在合适的教学场合中通过各种有效的形式激活教育对象的内在动力，因势利导地增强学生的综合能力，使学生成长成才适应满足时代发展要求和社会进步需要，同时得到良性发展。

3. 增强学生受教获得感

获得感，是指学生在接受思想政治理论教育后产生的一种能够满足他们现实或潜在的且能长久维持下去的满足感和成就感，是一种对自身受教育的精神状态、主观体验和情感反应的表达。就传统教学模式而言，我们在教学中往往将关注的重点放在教师讲了什么，而忽略了学生的“获得感”，这就让教育有种“本末倒置”的意味了。因此，在进行教育实践的过程中，思想政治工作者应始终遵循学生成长规律，了解学生的真实需求并关注学生的情感体验，增强理论课程的导向性，以亲和的方式感召吸引学生，从而让学生在经过思想政治教育熏陶后能够有满满的体验与感悟，获得感倍增，这也是学校提升思想政治理论课教学评价和质量的精神准则与价值追求。

（四）人本原则

1. 人本原则的内涵

人本原则，顾名思义就是以人为本的原则。“人本”这个概念在中华优秀传统文化中由来已久。在学校思想政治教育中坚持人本原则实质上就是坚持以人为本的教育理念，将教育者与受教育者都放在主体的地位，将马克思主义的基本观点运用到日常教学工作中，实现教学资源、综合管理、思想指导三者的有机结合，为学校青年学子树立正确的价值观导向、开阔的世界观、积极的人生观，为今后个人的发展与国家的前进打下良好的基础。

2. 坚持人本原则的必要性

坚持人本原则就是坚持贴近主体之一的受教育者群体。大量具有重复性的精准社会调查均证明，现如今我国青年学生的政治素养和思想教育水平总体来说较为良好。他们在日常生活和学习中思想活跃、拥护中国共产党、热爱祖国，并在社会和学校的双重影响下，成长为对中国的道路、理论、制度、文化等方面充满自信的社会中坚力量，并且坚信社会主义现代化伟大蓝图和中华民族伟大复兴的壮阔目标能够实现。作为思想政治教育理论传播载体的学校如果不能够深刻认识到贴近青年学生，彻底了解他们的思想变动历程的重要性，那就只能进行“灌输式”的教育。学校思想政治教育工作者理应深入学生群体，想学生所想、急学生所急，切身感受学生的思想需求，更进一步地与学生沟通交流，运用全新的教育教学方法来了解青年群体的思想症结、心理诉求，将自己置身于青年学子的群体中去，才能在生活和学习中与他们进行更好的交流和沟通，达到教育双方的相互理解和支持。

3. 坚持人本原则的途径

（1）实现教育者与受教育者双主体地位的业内共识

首先，尊重教育者的主体地位。教师在教学中扮演了一个举足轻重的角色，虽然在大学阶段众多学生生理上已经成年，他们朝气蓬勃，勇敢上进，但与此同时他们同样也是一个意志力较为薄弱的群体，世界观、人生观、价值观还未完全扩充完整。如果没有在教师正确和合理的引导下，很容易在思想上产生偏差，进而对个人甚至学校和社会产生严重的负面影响。学校思想政治教育就是要发挥出教师的引导作用，充分了解学生的成长环境以及人生经历，尊重个体的独立与个性，逐步以学生所能接受的方式进行德育教育。

其次，也要尊重学生作为主体之一所产生的不可忽略的作用。思想政治教育工作者必须让学生意识到自己的主体作用，使其产生强烈的主体意识，在日常学习和生活的交流中逐步培养起学生的自觉学习态度，真正做到心中有律、行动有规。只有在业内达成教育者与被教育者双主体地位的共识，才可以让思想教育理论不断地得到创新与发展，加强思想政治教育在现实生活中的实践作用。

（2）坚持科技背景与教育方法创新的完美融合

思想政治教育作为教育体系中极为重要的一环，同样也需要跟上时代潮流，利用科学技术是对教学方法的创新与发展。先进的教育必须更注重培养能力，但是能力必须与自身知识体系结合在一起才能发挥更大效用。所以，只有努力做到知识与能力的结合，才能在科技时代实现科技与教育的创新发展。由此可以看出，教育者一定要将自己置身于科技发展水平不断推进的历史发展进程中，做到因势而新，同时正确认识我国与其他发达国家之间的差异，与国际接轨，不断提升自身教育的质量与水平。在教育手段上的创新体现着一个学校对思想政治教育的重视程度，不断开展课外的实践活动，如田野调查或红色之旅等，是让一部分“五谷不分、四体不勤”的青年学生体验当代中国最直接的方式，也是历史与现代的一次跨时空连接。还有线上慕课等大量利用网络平台衍生出的全新的教育教学方法，不仅创新了思想政治教育的传播模式，也合理优化了对被教育者的考查结构。基于此，各大学校更应该积极合理地利用网络平台，对学生进行多方引导，合理上网、文明上网，全面提高网络化时代学校学子的整体素质。

（3）加强学校立德树人教育环境的基础建设

科学文化知识与人文情怀是学校区别于其他教育传播载体的关键所在，校园文化环境无论是对教师还是对学生都会产生极为重要的影响。学校作为社会主义建设人才输送的主要形式，积极推进立德树人教育环境的基础建设就是坚持以人为本原则，发展创新思想政治教育。首先，要把师德师风建设放在首要位置，教师不仅是专业知识的教授者，同样也是道德教化的传播者，师风师德建设是学校立德树人教育环境基础建设的最重要一环。这要求学校教师不仅要有高学历，还要具备高品德，只有这样才能对学生产生积极正面的影响，对整个学校环境起着至关重要的作用。其次，是必须把马克思主义的指导作用放在首位，以科学性和革命性统一的马克思主义指导思想为主体，根据受教育者的需要开展丰富多彩、创新十足的校园文化活动，具体落实理论上有指导、实践中有规范。最后，要在校园网络平台中坚持宣扬立德树人理念，将学校人本原则的思想政治教育方法和观念合理植入学生群体心中，并且以自身行动积极维护校园文化环境的创建。

（4）关注学生的内在需要

现在的大学生普遍年龄在 18 到 24 岁，他们经历了青春期的迷茫，生长阶段进入了稳定期，其表现欲、自尊心和求知欲都非常强，有了自己的人生目标和规划。他们思维活跃、眼界开阔、易于接受新生事物、创造性强，具有比较独立的主体分析判断能力。同时，他们自我意识强，在政治信仰、知识获取、择业就业、恋爱交友等方面有较强的自主性，并且有了自己的人生追求，对自我的全面发展有很多主观需要。思想政治教育如果不抓住学生需求，那么学生就容易受不良的社会习气所感染，形成错误的价值观判断和信仰，导致思想政治教育达不到理想的效果。所以，在进行思想政治教育的时候，需要对学生内在的需求加以关注，要与学生实际生活更加贴近，对学生的所思所想有一定的了解，并以学生内在的需求为依据设计和开展思想政治教育活动，让学生能够自觉地接受思想政治教育，满足自身发展需要的同时提升自身思想政治素养，才是学生自己所需要的真正的人性化教育。

当代学生受网络媒体、新闻广播、微信、微博等外界信息的影响，极易受到错误思想观念的影响，教育者若不能及时关注和掌握学生的思想动态，解决学生热切关注的问题，那么其提出的与学生有关的意见和建议就很难具有针对性，学生对思想政治教育就会产生厌烦心理和不信任感，认为教育是无用的。要实现思想政治教育中的以人为本就应该站在学生需求的角度思考问题，深入和学生进行交流，掌握学生的需求。例如，在思想政治理论教育课程结束后，让学生对本次课程进行客观、合理的评价总结，然后教师根据学生提出的意见和建议，有针对性地进行调整和改进，这样既使学生发挥主动性去积极思考和接受所学知识，也促使教师不断地对教学进行完善，将以学生为本的教育理念体现出来，让思想政治教育的实效性得到增强。

三、新时期思想政治教育的功能

思想政治教育作为一种社会现象、一种社会实践活动，与社会系统之间存在密切的关系，具有明显的社会性。思想政治教育既受社会的制约，也对社会发挥能动作用。思想政治教育作为社会治理的重要途径，在这一背景下要充分发挥其社会性功能，彰显其社会性，实现其社会性价值。

（一）政治导向功能

学校思想政治理论课程具有政治课程的性质，也具备政治导向功能。这一功能不仅适应了学生的成长规律，也是社会主义办学目的的必然要求。一方面，大学阶段的学生正处于政治信念和价值取向形成和夯实的重要时期，这就需要有符合国家和社会发展要求的政治观点、政治思想和正确价值观对其进行教育和引导，使其形成坚定的政治信念和正确的价值取向；另一方面，通过此课程向学生传授马克思主义理论知识、毛泽东思想、邓小平理论、“三个代表”重要思想、科学发展观、习近平新时代中国特色社会主义思想等，明确辩证唯物主义的思想，宣传中国共产党的光辉历史和优良传统，解读党和国家的路线、方针和政策，培养出以马克思主义为主导的世界观和具有坚定的社会主义政治信念和理想信念的人才。最终使得当代学生能够不忘初心，坚持共产党领导，继承先辈的革命斗争精神和传统，坚决维护祖国统一和团结，将祖国的利益和荣誉放在心中首位，具有献身祖国、报效人民的思想觉悟，坚定拥护党的领导和国家的政策方针，做忠诚的爱国主义者。

（二）道德培育功能

对学生进行道德准则教育和道德价值引导。通过向学生灌输道德准则和解析道德问题，让学生明确、熟知各种基本道德准则和学会判断何为正确的道德价值、何为错误的道德价值准绳；培养学生内化于心的道德精神和道德素养，并逐渐使学生具备以不变应万变的道德能力。

（三）文化熏陶功能

当前学生综合素质的培养和形成，必须建立在拥有坚定的马克思主义信仰且对中国共产党和中华民族历史文化、党和国家的路线、方针和政策及当前世界局势等全面理解的基础之上，这就需要通过思想政治课程学习，夯实学生的综合素质，培养其高昂的民族精神，激发其树立高度的社会责任感和较强的历史使命感。

学生尚未踏入复杂多变的社会，还没有在这一过程当中积累丰富的经验和阅历，在对待事情时往往会过于理想化。同时，他们对于社会上的诸多现象存在着很多困惑，特别是在多元价值理念和社会思潮涌入我国之后，给学生的学习生活带来了很大的影响。所以，教师要注重优化教学实践活动，让学生能够拥有正确的选择，在困惑当中找到正确的方向，坚定理想与信念。

（四）能力培养功能

学校教育不仅要让学生熟练掌握专业的科学文化知识和广博的相关知识，还应该着重培养学生的综合素质能力。在培养和提升学生各方面的能力上，学校思政课程具有其他课程无法比拟的独特优势。如在“马克思主义基本原理概论”课中，通过讲解唯物主义思想，能够帮助学生形成科学的世界观和方法论；通过讲授唯物辩证法，能够帮助学生形成严密的逻辑思维等。

（五）行为引导功能

毋庸置疑，不管理想信念的层次如何，最后都必须在实际行动当中进行展现。而通过对学生日常学习、生活当中的行为进行人物分析，也可以从侧面体现出他们的整体素质，特别是思想政治素质。思想政治理论课程教师要充分发挥自身在学生行动指导方面的积极作用，认真剖析学生出现有关行动的原因，可以积极地组织高层次的校园文化实践活动，如专家讲座、校园文化艺术节等活动，让他们能够将正确的思想理念内化为实际行动。

第二节　思想政治教育的理论教学与实践教学

一、新时期思想政治教育的理论教学

（一）新时期思想政治教育理论教学的特征

1. 整体性与层次性相结合

（1）整体性

首先，整体性在思想政治教育教学中体现在教学中的每一阶段和环节中。其次，还体现在教学内容的整体性，思想政治教育是向学生传授马克思主义理论知识，这一理论具有完备的逻辑体系和框架，其发展历程也具有整体性。思想政治教育教学的导向指引下的整体性主要表现在，以思想政治教育为教育教学内容并引领教学的正确方向，而这门课程本身就具有完整性，在教学过程中首要的是让学生认知和了解这门课程和教学内容及其思想的整体性，而不是对某一部分具体的知识点进行深挖，因此对思想政治教育教学体系的构建应坚持完整性这一特征。在教学过程中，不应把认识某一具体知识的目的作为教学的第一要务，否则学生将无法掌握这一教学内容的思想，更无从谈起对知识、思想的转化。

思想政治教育是一门兼具系统性、完整性的课程，可将各种性质类型的教育教学因素整合到教学过程中，并能引导学生把感性的认识或零星的观点转化成一个整体的思想政治素质，其教学最重要的一点就是要使学生对马克思主义理论的价值立场、观点等的认识转化为信念，因此在教学过程中一定要重视对整体性的把握。思想政治教育教学从根本上来说，也是思想政治教育范畴体系的重要组成部分。这一范畴体系是一种思维形成的存在，由不同的要素、层次构成的一个整体结构，其变化发展集中地体现了辩证逻辑整体的运动过程，在过程中不同的要素、层次之间，整体与层次、要素之间，整体与外部事物之间都有着各种联系。思想政治教育教学作为一个学科体系的重要组成部分，必然要通过思维形式来系统反映其包含的规律，使教育者和受教育者从中获益。思想政治教育教学体系从本质上揭示各个范畴之间的运动轨迹和规律。

（2）层次性

思想政治教育教学的层次性表现在，这一教学既然是一个教育教学的整体系统，其间必然具有教育教学的局部层次。思想政治教育教学体系的划分是依据逻辑思维的组织、推演及运行规律展开的，继而形成了由起点、中心、中项、成效和终点等范畴构成的具有逻辑性和科学性且合理有序的范畴体系。普通学校思想政治教育教学是围绕中心范畴，然后从起点范畴开始，经过中项范畴、成效范畴，最后到达终点范畴的动态运动和发展变化的过程。这个过程动态简洁地揭示了普通学校思想政治教育教学体系中不同要素和层次之间的内在联系，以及运动变化的本质规律。思想政治教育教学的整体属性决定了其各要素不是孤立的，只有体系完整，各要素层次分明、合理有序地联系在一起，才能科学地反映思想政治教育教学的本质规律。

在思想政治教育教学体系中整体与任一层次之间、层次与层次之间都有着相互制约与依存的关系。思想政治教育教学不仅具有导向指引下的整体性特征，而且还具有教育教学过程中的层次性特征，能够把这一系列的动态联结为合理有序、层次结构分明的有机统一整体，从而构成体系。综上，思想政治教育教学具有导向指引下的整体性和教育教学的层次性的特征。

2. 民族性与时代性相结合

（1）民族性

民族性对于一个民族、一个国家是至关重要的存在，民族文化是大浪淘沙留下来的精华产物，凝聚了一个民族代代人民的思想精髓和智慧结晶，随着传播和继承早已融入人民的灵魂中。民族文化造就了不同民族的不同风俗和主要特征，民族性是文化的脊梁，是文化价值存在的基础和前提。弘扬中华优秀传统文化也是思想政治教育工作的重要内容，培养学生的民族自尊心、认同感、自豪感，能够有效帮助青年形成正确的世界观、人生观、价值观，从而拥有优良的性格品质。中华民族文化具有悠久的历史和深厚的底蕴，历史上的一些思想和理念到今天仍然散发着生机和活力，仍然具有可借鉴性。在中华民族的历史长河中，儒家思想经过了大浪淘沙，承受了历史的筛选，在中国特色社会主义理论体系中，仍然展现其不断更新的内涵。儒家所支持的孝、悌、忠、信、礼、义、廉、耻等社会道德标准造就了中华民族的民族精神。经过这些民族精神的洗礼，学生的道德文化素养可以大大提高，有助于学生成为新时代中国特色社会主义建设的优秀人才。

（2）时代性

思想政治教育必须牢牢跟上当代社会的发展节奏，要具有鲜明的时代特征，时代性主要特征在教育内容中有所体现。举个例子，当前形势下中国共产党的政策、方针、路线是如何制定的，有关党的理论是如何发展的，在现实生活中又有什么样的应用和依据，这些都很重要，思想政治教育也只有融入新时代的理论内容才具有生命力，才更容易被学生掌握。随着改革开放和社会主义市场经济的不断发展，学生的思想、价值取向与以前相比产生了巨大的变动，受到了前所未有的影响。随着外来信息的不断涌入、人才需求的扩大，青年学生有了更大更好的舞台来发挥自己的才能。但是，世界上不同民族文化的价值观、生活理念的涌入，形成了思想碰撞，导致了文化和意识领域的丰富化、多样化。而且当前世界信息全球化、网络全球化，也对当代学生思想政治教育提出了新的挑战，学生在生命中遇到的任何一个问题都难以有标准的答案，这使得教育者在给予学生正确信息的权威受到了挑战，这是学生思想政治教育工作需要思考的新问题。时代性特征就是指思想政治教育要使理论联系新时代的实际，这就考验了思想政治教育者的理论驾驭能力与结合实际有效地解决问题的能力。只有具备上面所说的品质和能力，对于实际遇到的问题才能有更透彻、更有深度的理解，思想政治教育才能达到新的高度。

3. 客观性与主观性相结合

思想政治教育教学是客观内容与主观形式的辩证统一，它是对思想政治教育教学实践活动中的各种现象之间的关系，以及教学的特性、教学方面等本质的一般概念的概括和反映。思想政治理论课教学的客观性与主观性的统一体现在两个方面：一方面，它的内容来源是客观的，一点也不能离开客观实在性；另一方面，从形式上来说是主观的，它是内容这一客观存在的反映形式，人们通过自身的主观能动性，对教学实践的具体内容进行能动的思考，对其进行能动的反映和改造。假使没有通过意识和思维对教学实践的客观内容进行主观创造，那么它也就无法在特定的思想政治教育教学实践活动中形成客观性和主观性统一。

思想政治教育教学的客观性是指其教学内容来自这门课程所研究的特殊领域的教学实践，包括具体的课堂教学和实践教学，且其所固有的本质和规律性是不以教育者的主观意志为转移的客观实在，思想、知识、行为、教师与学生、理论教学、实践教学、管理教学、理论灌输与情感共鸣等都是这一内容，它们都属于意识层面，但其都不是由主观意念自主产生的，范畴体系的构建都是从实践中产生，是教学实践的结果，是对实践的科学分析和抽象，所以它不同于不以人的意志为转移的、独立于人们意识之外的客观实在性的物质的客观性。思想政治教育教学是对教学实践活动的本质和规律的反映。因此，从其范畴内容的来源和它建构的过程、趋势等来看，它都具有客观性。

研究理论问题时，我们需要充分调动人的主观能动性，人们的主观性将思想政治理论课教学研究领域中产生的、具有客观实在性的原材料进行加工制作，以此而形成。这种加工制作就是通过人脑对客观实在进行理论思维的创造活动，使其在表现形式上具有主观性。就如我们在讨论教学问题时，不能把教学的内容和反映形式割裂开来，只承认教学的主观性或者只承认客观性都是片面的，都是错误的，普通学校思想政治教育教学是主观性和客观性的统一。

（二）新时期思想政治教育理论教学的意义

1. 有助于学生和教师高效完成教学任务

新时期思想政治教育理论教学对学生和教师顺利、高效地完成教学任务有重要的保障作用。具体体现在两个方面：

首先，它是思想政治理论课教学理论本质和规律的手段与工具，这一教学包含着已有的学科教学理论知识。通过思想政治教育教学的推演、概念的移植等方法，对教学领域的种种关系产生新的认识，归纳、总结出思想政治教育教学过程中的新特性和关系，进而架构出新的范畴，由此产生新的理论。思想政治教育教学基本理论框架的发展创新是基于范畴的产生和形成，而思想政治教育教学的产生和转化会对其教学理论产生新的变化。通过不断研究和发展创新，对思想政治教育教学领域内的现象有一个新的认识，包括特性、关系，甚至是范畴的基本内容等都会有不同的认识。

其次，它是思想政治教育教学实践活动本质和规律的手段与工具。思想政治教育教学对教学的思维方式具有引导更新作用，使思维与时俱进。在对思想政治教育研究、推演的基础上，产生出思想政治教育教学的具体内容，这实际上就是思维运动的结果，通过对已经存在的范畴进行深一步的探索，产生新的范畴并揭示其概念。通过对教学范畴不断深入研究，它能对教学中的各种现象的认识从感性上升到理论层面，为思想政治教育教学实践活动指明方向，确保学生和教师顺利高效完成教学任务。

2. 有助于学生树立正确的理想信念

通过思想政治理论课教学可以使学生完整地、准确地、科学地理解和把握马克思主义的科学理论，避免了对马克思主义理论片面的、肤浅的理解，同时也可以避免或减少某些学生用个别结论、现象代替或否定马克思主义的价值立场和真理性等。通过思想政治教育教师用科学的方法向学生讲授思想政治理论这一科学的内容，可以引导学生对科学世界观和方法论的掌握。人们借助思想政治教育教学对其实践过程中出现的现象、问题、关系都统一到一个有机体里，对其进行全面的、整体性的分析阐释，从而能更好地认识和把握这一系统。作为思维工具对教学进行指导，帮助学生树立正确的理想信念是研究范畴的重要作用，构建范畴体系，完善思维形态是教学理论研究的重要任务。通过思想政治教育教学指导教学实践活动，对保障学生树立正确的理想信念有重要意义。

3. 有助于提高学生的思想政治觉悟

思想政治教育范畴是通过思维逻辑对具体的现象进行抽象化，而其功能则是把抽象的概念具体化，用以指导实践。换句话说，这一教学就是从逻辑层面展现了教学过程的系统性和整体性，从而构成教学理论的基础。思想政治教育开始前，理论教学是教师所采用的教学主要手段方法，具备指导作用，也是教学方向的重要影响因素，保证教学内容和对学生思想的引导方向是正确的，是与马克思主义所提倡的思想、政治、价值观念保持一致性，保证对学生培养的是正确价值理念和政治方向，对提高学生的思想政治觉悟及坚定正确的政治方向有保障作用。

二、新时期思想政治教育的实践教学

（一）新时期思想政治实践教学的概念与特征

1. 新时期思想政治教育实践教学的概念

思想政治理论课也经常被称作思想政治课，是当前我国学校学生的必修课，也是学校开展思想政治工作的重要渠道。思想政治课的教学质量关系到学校思想政治工作的最终效果，同时也关系到国家青年学生的成长与成才。思想政治课的实践教学是学校思想政治课教学中的一个极为重要的环节，其重要地位和功能必须引起足够的重视。到目前为止，我国学校思想政治课的实践教学工作取得了一定的成果，但是从总体来看，还存在着不少问题。其中最为重要的就是人们对于思想政治课实践教学的内涵、目的和意义尚未形成一个准确、清晰的认识。

思想政治课实践教学，顾名思义，就是在思想政治课理论教学全部完成的前提下，通过各种形式的具体实践途径，让学生进行体验和反思，达到对思想政治课堂所学理论知识的消化、吸收，进而内化为学生自己的理念和价值观，外化为学生的具体行为，真正实现学以致用，同时帮助学生培养和树立马克思主义的世界观和方法论，成为优秀的新时代建设者和接班人。

思想政治课内实践是指在思想政治课的课堂教学过程中，思想政治课教师组织学生在课堂上开展如小组讨论、主题辩论、演讲、历史情景剧等活动，让学生运用思想政治课上所学的理论知识对某一个具体问题进行分析，提升学生对生活、对问题的思辨能力和解决问题的能力。

校内社会实践是指在学校内通过各类社团组织或者与学校各个部门合作，如图书馆、团委等，在校内开展各种类型的校园文化、宿舍文化、班级文化和社团文化的建设活动，让学生在参与学校的集体活动中提升团队意识和协作能力，提高自身的综合素养。

校外社会实践是指学生利用课余时间或者寒、暑假，在校外进行志愿服务、社会调研、义务劳动、岗位见习、参观访问等活动，了解群众的冷暖疾苦，体察社情民情，让学生在社会参与中加深对社会的认识了解和情感体验，激发学生爱祖国、爱家乡的热情，培育和增强学生的社会责任感。

2. 新时期思想政治教育实践教学的特征

要想正确构筑思想政治课实践教学这一育人平台，就必须用它自身的特殊属性将思想政治课实践教学与其他相似概念区分开来，让我们对它有更加清晰的认识，为发挥其作用而打好基础。

（1）实践性

实践性是区别实践教学与理论教学的根本之处，是思想政治课不再苍白无力的“制胜法宝”。开展思想政治课实践教学既可以对理论教学进行延伸和补充，又可以让学生摆脱说教式教学，让深刻、严肃的理论知识“活起来”。学生以主体地位参与实践教学活动，在活动中可以获得独特的体验，并深化对理论知识的理解，提升理论学习的广度和深度。同时也有助于提高学生运用理论知识的能力，让学生在自我教育中，提升自我认知能力和道德素养。

（2）课程性

课程性这一特征是用来区分思想政治课实践教学与学生的一般社会实践活动。学校里学生课程众多，校园生活丰富，有各种各样的社会实践活动，这些活动都可以起到锻炼学生能力、提高学生素质的作用。但并不是所有实践活动都可以称为思想政治课实践活动。思想政治课实践教学是隶属于思想政治课的一种教学方式，有鲜明的思想政治课程特征。它始终是围绕思想政治课的教学内容展开的，目的是完成思想政治课立德树人的目标。

（3）社会性

社会性这一特征主要是区别思想政治课实践教学与理、工、农、医类的专业实习。理、工、农、医类的专业实习主要是通过各类专业性的实习增强学生的实践技能，侧重培养学生的专业技能，也就是从做事的角度进行培养，是为日后进入社会从事相关工作打好专业基础。而思想政治课实践教学是学生实现社会化的重要抓手，它是依托实践教学这一载体从做人的角度进行教学。学生可以通过思想政治课实践教学来感受社会，进一步培育学生社会责任感和使命感，使其能快速融入不断变化的社会。

（二）新时期思想政治教育实践教学的意义

1. 有利于培养高素质技能型人才

思想政治课实践教学不只是课堂辩论和演讲，更多的是校内外具体社会活动的参与。具体来说，思想政治课的实践教学能够让学生有机会接触社会、参与社会活动，真实体察社会生活，在社会生活中领会和感悟国家政策、方针的重要性，人民渴望喜乐安康的真实诉求，进而提升自身的政治素质、思想道德素质和法律素质。与此同时，引导学生能够灵活运用马克思主义哲学思想来分析和解决实际问题，增强自身的职业素养与职业技能，真正成为对国家、对社会、对工作有用的高素质技能型人才。

（1）培育学生社会主义核心价值观

青年是国家的前途、民族的希望，应该注重对其社会主义核心价值观的培育。但由于新时代学生生活在物资充足、条件优渥的年代，没有经历过新中国革命、建设、改革中的种种磨难，加之新时代大环境的改变，各种错误思潮的负面影响，使得正确价值观的培育遇到阻力。因此，解决学生正确价值观培育的疑难问题刻不容缓。

思想政治课微电影实践教学有利于价值正面引领作用的发挥，学校可以运用这一实践方式来培育正确价值观。这种崭新的实践方式，能够让学生从心理上容易接受、行动上乐于付出、收获上大幅提高。一部具有价值性、思想性微电影的诞生，需要在每一环节上都倾注大量的心血。因此学生在自己制作思想政治课微电影的过程中，首先，为了剧本的撰写需要搜集大量的资料并进行整理和理解，甚至有时也需要实地进行采访调研，这一环节可以培养学生鉴别信息和独立思考的能力，助推正确价值观的形成。其次，拍摄微电影时，学生通过亲身演绎，能够表达自我的真实想法、激发浓烈的爱党、爱国情感，培育社会责任感，用身边平凡人、平凡事引起共鸣、直击灵魂，使学生深刻领悟社会主义核心价值观。最后，在思想政治课微电影成片后，利用网络对优秀的思想政治课微电影进行展播，增加互动性和感染力，发挥最大的育人效力，吸引更多的学生参与其中，让社会主义核心价值渗透到每一个人的心灵深处。

（2）基于学生的现实需要

学生在实践过程中，参与程度越高，主体作用发挥越强，将会对思想政治课的认同感和获得感越高。新时代学生大都思维活跃、动手能力强，有一颗展现自我的心。然而传统的实践教学方式，如小组讨论、制作调研报告等活动，都容易忽略学生内心的感受、削弱学生的主体作用，让部分学生只能被动地接受实践任务，从而减少对传统方式的心理期待。在思想政治课传统实践教学中，大部分学生只是一味地简单分析甚至复制拼凑，像完成任务一般匆匆结束实践教学。长此以往，部分学生会对思想政治课形成因循守旧、空洞乏味的印象，甚至还会产生厌恶的情绪，更不会有获得感。

因此，思想政治课实践教学应该采用以学生为中心的方式来开展，让学生作为实践教学的主角来参与其中。思想政治课微电影实践教学就不失为最恰当的选择之一。思想政治课微电影实践教学以学生的实际需求为导向，以学生现实认知水平为准绳，关注学生在学习生活中的真正困惑，解决学生的真正问题。这种教学方法能够引起学生感情上的共鸣和思想上的碰撞，在整个实践过程中，老师作为导演，学生作为主角，充分释放了个性、展现了自我。思想政治课微电影实践教学不再只是单纯的“填鸭式”“灌输式”学习，而是让学生亲力亲为，充分享受主动学习的乐趣，同时培养学生的问题意识，锻炼学生的观察能力、冷静分析复杂情境的能力，最终提升学生的综合素养。

（3）提高学生的综合实践能力

在制作思想政治课微电影的一系列活动中，学生作为实践教学的主体参与到其中，发挥着主人翁作用。从自由成组到主题的商讨选择、整体的分工布置、剧本的创作和修改，再到拍摄，直至最后的剪辑、配乐、加字幕等一系列活动，无不锻炼学生的综合实践能力。

首先，从自由成组来说，学生就有很大的自主权，可以选择各方面互补的同学，组成一个战斗力较强的小组。这就锻炼了学生的辨识能力，同时也大幅增加同窗之间的友谊，提高团结合作能力。其次，从主题的确定来看，可以促使学生搭设理论与现实之间的桥梁，锻炼学生的知识转化能力。从任务的分工布置可以发掘学生的各种潜能，如领导才能、策划才能、表演才能等。在剧本创作这一环节，让学生从艺术审美的角度进行剧本创作，可以加快对剧本创作专业知识的学习，同时激发学生的创造力。再次，从拍摄方面来看，可以加强学生的团队协作精神、磨炼意志、锻炼沟通能力、提升视频拍摄技能。最后，从思想政治课微电影的后期制作方面来看，视频的剪辑、配乐、加字幕，可以让学生直接接触新鲜事物，紧跟时代潮流，同时让学生掌握制作微电影的相关新技能。纵观思想政治课微电影的整个制作过程，不仅学生的思想得到了洗礼，而且综合实践能力也得到了提高，每个参与其中的学生都收获颇丰。

（4）实现学生对知识的体验

体验知识在学生学习新知识的整个过程中处于关键环节。然而，传统方式并没有很好地调动起学生的积极性，让学生全身心地投入实践之中。实践时大部分学生迫于学校和老师的压力，只是草草了事，并没有真正地入脑、入心，更别说能够有所思考和启发。所以，发掘新型实践教学方式迫在眉睫。

随着互联网和新媒体的蓬勃发展，微电影也应运而生。实践验证，微电影实践教学是体验式学习最好的辅助载体之一。在思想政治课微电影实践教学中，学生要想拍摄一部高质量的思想政治课微电影作品，要从这样三个方面做起：首先，他们要对思想政治课抽象的理论进行深入的理解和思考，这样才能保证所拍摄微电影的思想性。其次，他们再结合自身对生活的所见所闻，将思想政治课抽象的理论与实际生活结合起来，找到二者链接的最佳契合点，进行主题的创作。最后，在拍摄过程中，他们自己亲身经历拍摄全过程，用行动对思想政治课的理论知识进行再一次的体验和感悟，使得自己的思想得到洗涤和升华。随着思想政治课微电影作品的完成，思想政治课的育人效果也能如期达到。

（5）培养学生的创新意识

学生是青年群体的佼佼者和领头羊，因此要千方百计地培养学生的创新创造能力。微电影实践教学是一种新型的实践方式，在其实践中需要强烈的创新意识。学生在微电影剧本创作和镜头拍摄中，可以充分发挥想象力，激发无限的创造潜力。通过一部部鲜活的微电影，能够给学生提供创造的舞台，让学生在这个属于自己的舞台上尽情地展示自己独特的创造才华。

艺术来自民间，也生长在民间，它的最高使命在于为大众服务。微电影是艺术的一种形式，在制作思想政治课微电影时，无论是设计、构图、选景、服装、造型还是剪辑都体现着微电影的艺术性，对于缺乏艺术专业知识的学生来说既是机遇也是挑战。通过制作思想政治课微电影能够让学生满足审美需要、培养审美情趣、提升审美素养。这样不仅发挥了思想政治课微电影独特的美育功能，让思想政治课微电影的育人性高于艺术性，而且可以使思想政治课成为学生心目中最难忘的课程。

2. 有利于提升教师的教学水平

作为一名思想政治课教师，不仅要有扎实的理论功底，还要有掌控和驾驭课堂的高超技能，更为重要的是，思想政治课教师要在潜移默化之中将正确的“三观”、正确的思想理念渗透到学生的思想之中，让学生在思想政治课堂上有收获、有获得感。而这种获得感的产生主要源自两个方面：一是有远见、有深度和穿透力的学术理论；二是要有丰富的实践教学环节，让学生在吸收有引领和穿透力的思想的同时，能够真正体察和感悟到生活的真谛、社会发展的规律。

3. 有利于推动教学改革与创新

思想政治课具有极强的思想性和理论性，同时也是实践性非常强的一门课。思想政治课实践教学不是一成不变的，而是要根据时代的发展，以及学生群体特点的变化来适时地进行调整，调整本身就意味着要不断地对思想政治课的教学环节进行改革和完善，不断创新教学的方式方法，尤其是实践教学的教学方式和方法。实践教学是与社会实际与时代发展紧密结合的，必须以当代学生最能接受、最愿意接受的方式来呈现，这样才能激发学生参与实践的兴趣和热情，从而能够有效地保障思想政治课的教学效果。

第二章　思想政治教育的基本规律

第一节　现实的人是思想政治教育基本规律的逻辑起点

寻找思想政治教育基本规律的逻辑起点应从逻辑起点的基本概念和本质规定入手，只有符合科学界定的逻辑起点才能准确地把握思想政治教育基本规律的起始范畴。

一、逻辑起点的含义和基本特征

逻辑作为一个哲学术语，是指事物发展的客观规律。逻辑起点是任何一门学科开展研究的起始问题，离开了逻辑起点，科学的理论大厦就难以牢固建立，理论体系也难以经受时间的检验。“逻辑起点也称为逻辑始项、逻辑开端，有时也被称为逻辑出发点。它是指一门科学或学科结构的起始范畴，是指理论体系的始自对象，是使整个逻辑体系由以开展和得以丰富完成的一个最初的规定。”因此，逻辑起点是一门科学或学科的理论体系的基石，是建构理论体系的思维起点，也是理论体系得以丰富发展的根本依托和基础。逻辑起点有五个基本特征：第一，逻辑起点是最抽象的东西；第二，逻辑起点是最简单的东西；第三，逻辑起点是构成体系的细胞的、元素的形式；第四，逻辑起点和终点是辩证统一的；第五，历史起点和逻辑起点是一致的。

二、思想政治教育基本规律逻辑起点的基本特征

思想政治教育基本规律是思想政治教育现象在运动发展过程中内在的、本质的、必然的联系和发展趋势。思想政治教育基本规律的逻辑起点也是思想政治教育的逻辑起点，因为，思想政治教育的发展进程就是思想政治教育基本规律的逻辑展开，思想政治教育就是在遵循其发展规律的基础上开展的实践活动，两者内在的运行逻辑在本质上是一致的，起始范畴也应当一致。思想政治教育基本规律

的逻辑起点的特征主要表现在以下五个方面：

第一，思想政治教育基本规律的逻辑起点是思想政治教育生成的历史起点。思想政治教育是人类社会所特有的属性，是人有目的、有计划的自觉能动的社会性活动，动物之间是不会有教育的。恩格斯曾指出：动物仅仅利用外部自然界，简单地通过自身的存在在自然界中引起变化；而人则通过他所做出的改变来使自然界为自己的目的服务，来支配世界。因此，有人就需要进行教育，同样，有人也就需要思想政治教育，一切处理人与人之间的关系，如父母、兄弟、朋友的关系，和处理人与社会之间的关系，如国家、民族和社会的关系的活动，都属于思想政治教育范畴。人们在劳动过程中产生了道德教育的需要，需要用一套理论和规范维护社会稳定和人类的发展，一部思想政治教育史就是一部人的发展的历史，思想政治教育基本发展趋势和人的发展趋势是内在统一的。因此，“人”是贯穿思想政治教育过程始终的要素，是思想政治教育逻辑发展中的核心，但这个“人”不是一般意义上的人，而是“现实的人”。“现实的人”当作思想政治教育基本规律的起始范畴是符合历史与逻辑相统一的方法论的。

第二，思想政治教育基本规律的逻辑起点是思想政治教育范畴中最基本、最简单、最抽象的概念。每门学问、每门学科都有自己特有的范畴，范畴是人的思维对物质世界的反映，是客观事物的普遍本质在人们思维中的反映。如哲学范畴中有物质、运动、时间和空间等，政治经济学的范畴是商品、价值、使用价值和交换价值等。思想政治教育的范畴有个人与社会、教育者与受教育者、思想与行为、教育与管理等，无论何种范畴，现实的人是思想政治教育理论范畴的核心概念，是对思想政治教育实践活动中普遍本质的概括。作为逻辑起点范畴的抽象程度，不能离开理论的研究对象，逻辑起点范围和限度的确立来自对理论研究对象的准确把握。思想政治教育研究的对象是人，就要以现实的人为核心，实现人的不断发展；以现实的人为核心，就要不断调整教育的内容、手段、方法和目标，以现实的人的全面发展为最终目标，从而不断推动社会全面进步。

第三，思想政治教育基本规律的逻辑起点是构成思想政治教育理论体系的基本细胞和重要元素。任何理论的重大问题都要从组成该理论的基本细胞和重要元素出发来开展研究，认清和把握了这些细胞和要素中的最基本问题和关键概念，科学研究才有可能得以实现。思想政治教育的基本问题不是一个简单的思想工作、政治工作或教育实践问题，而是观照人的思想、促进人的发展，进而促进社会进步的问题。思想政治教育理论和实践都是围绕如何教育人、提升人、发展人而展开的，但思想政治教育的阶级性决定了这个“人”不是一般意义上的“人”，而是“现实的人”。现实的人是思想政治教育内容、方法和目标的基本细胞和重要元素，只有以现实的人的需要和现实关系为着力点来开展教育实践活动，才能取得实效。

第四，思想政治教育基本规律的逻辑起点是思想政治教育一切矛盾的开端，是事物全部发展的雏形，表现和承担着一定的社会关系。作为逻辑起点的范畴，是科学理论得以建立的基础和依据，理论的发展演进必须在逻辑起点的雏形姿态中推演下去，其结论内在地包含了理论发展的逻辑必然。逻辑起点并不是外显于事物的表象，它不直接反映事物之间的内在关系，而是通过一定的社会关系反映其存在的样态。如，马克思在把“商品”作为论述资本论理论的逻辑起点过程中，通过阐释商品中物的有用性，揭示了隐藏在商品有用性背后人与人之间的社会关系。这种相互关系不是“商品”本身可以体现出来的，“商品”只是作为载体出现，而内在的关系则是暗含在“商品”中的社会劳动时间和特殊的社会关系。因此，作为“商品”的逻辑起点，把物的自然属性和社会属性集于一身，体现了事物发展的对立统一。在思想政治教育的历史发展中，现实的人就是思想政治教育一切矛盾的“胚芽”，规定着思想政治教育本质、范畴、规律等后续概念，思想政治教育的基本矛盾就是围绕现实的人，在现实的关系基础上，实现现实的人的需要而展开的社会实践活动。

第五，思想政治教育基本规律的逻辑起点同时也是其逻辑终点。马克思指出，每一点同时表现为起点和终点，只有在它表现为终点的时候，它才表现为起点。一个过程的起点，它同时又是另一个过程的终点，起点和终点是内在统一的。思想政治教育不只是维护统治阶级利益的工具，更重要的是要实现人的发展。思想政治教育的基本规律就是促进社会全面进步、实现人的全面发展的规律，这是人类思想政治教育历史充分证明了的简单事实，思想政治教育一开始就是因为人类活动需要而发生的，它以现实的人自身发展为出发点，通向人类的精神文明，成为人类存在的重要活动形式。思想政治教育作为一定社会意识的组成部分，不管它在某个时代内容有多么反动，但是站在历史的长河中回望，人类社会不断向前发展是不争的事实，人的思想不断丰富、精神境界不断充盈是思想政治教育的内在本质。

把现实的人作为思想政治教育基本规律的逻辑起点是符合马克思关于逻辑起点基本特征的。只有从现实的人的出发，才能建立科学的思想政治教育理论，才能认识思想政治教育基本矛盾的运动过程和内在机制，从而揭示思想政治教育基本规律，也才能最终确立思想政治教育的价值旨归。思想政治教育基本规律要以现实的人为前提条件，以人的现实需要为重要基础，在人的现实关系中体现思想政治教育的本质。

三、现实的人是思想政治教育基本规律的基本立足点

在马克思主义产生之前，人们把思想政治教育看成是实现和维护阶级统治的工具，仅从社会需要出发理解思想政治教育，忽视人的主体意识，因此也就未能实现对思想政治教育基本规律的科学探索。究其原因，就是对思想政治教育的出发点的认识不同。逻辑起点不同，结论自然不同。马克思与以往一切思想家的根本区别就在于高度重视和关注现实的人，马克思主义理论是建立在对有生命的个人的历史考察过程中实现的。现实的人作为历史存在的前提，“不是处在某种虚幻的离群索居和固定不变状态中的人，而是处在现实的、可以通过经验观察到的、在一定条件下进行的发展过程中的人”。把现实的人看作思想政治教育的出发点，这正是马克思主义思想政治教育理论不同于以往一切阶级社会思想政治教育的一个显著特征，实现了思想政治教育的根本变革。

（一）现实的人是思想政治教育的出发点

思想政治教育是对人的教育，这决定了思想政治教育必须指向人，以人为中心。这个“人”不是一般意义上的“人”，而是现实的人、有生命的个人。“全部人类历史的第一个前提无疑是有生命的个人的存在。”离开了现实的、有生命的个人的存在，就无所谓历史、无所谓社会、无所谓思想政治教育。现实的人是思想政治教育的出发点，只有从现实的人出发，才能从纷繁复杂的历史现象中理解思想政治教育的本质，揭示其运动发展的基本规律。

“现实的人”是相对于“抽象的人”而言的。马克思认为，“现实的人”是

对应于费尔巴哈的“抽象的人”的，是指处于一定时空、在一定的社会关系中进行物质生活活动的个人。“现实的人”是对资本主义及以前社会的“人”的认识的扬弃，是马克思和恩格斯在批判继承黑格尔、费尔巴哈等对人的认识的基础上的产物。“现实的人”的规定性具体表现在以下五个方面：第一，实践性：现实的人总是从事一定实践活动的人。第二，社会性：现实的人是在一定社会关系中从事具体交往活动的人。第三，利益性：现实的人是有不同需要和不同利益追求的人。第四，特殊性：现实的人是有个性的人。第五，历史性：现实的人是在一定历史条件下发展着的人。现实的人是实践中的人。人的现实性首先表现在物质资料的生产实践活动。人类“把自己和动物区别开来的第一个历史行动不在于他们有思想，而在于他们开始生产自己的生活资料”。人类第一个历史活动就是物质生产活动，动物不具备组织、规划这种活动的能力，这是人作为万物之灵的高贵之处，也是人与动物的本质区别和人之所以为人的质性所在。物质资料的生产实践活动使人从自然界、从动物中分化出来，人类在此基础之上从事政治、艺术和其他社会意识活动。正如马克思所说：思想、观念、意识的生产最初是直接与人们的物质活动、与人们的物质交往、与现实生活的语言交织在一起的。人们的想象、思维、精神交往在这里还是人们物质行动的直接产物。人们是自己的观念、思想等的生产者，不是意识决定生活，而是生活决定意识。从现实的人的物质生产实践活动出发理解人，就不像传统的思想政治教育一样，把人看作纯粹的教育对象和受动者，而是把人看作具有主动性、创造性的人，人在改造客观环境的同时也改造着自己的主观世界。马克思早就指出：人不是抽象的蛰居于世界之外的存在物。人就是人的世界，就是国家社会。因而，原始社会的思想政治教育不同于阶级社会，阶级社会的思想政治教育不同于未来的共产主义社会，思想政治教育的本质、内容、方法直接反映着一定社会生产力的发展状况，并随着生产力的发展水平而不断发展，这是由现实的人的实践活动所决定的。

现实的人是具体的、历史的、持续发展变化的。马克思认为，人们的物质生产实践活动是特定历史条件的产物，受制于一定的生产力和生产关系，因而人的社会关系也是在历史的进程中现实地生成的，并不是固定不变的，不同的社会历史条件下，人们的思想观念、行为习惯和价值追求千差万别。人的本质及其现实表现也形态各异，不同的社会条件造就不同社会关系的人。不同社会历史条件下人的本质的多样性是现实的人能动发展的必然结果。每个个人和每一代人都是在一定的生产力、生产关系和一定的生活条件的基础上的人，每个人的活动都是继续发展前一代的工业和交往，并随着需要的改变而改变它的社会制度。正是人在这种动态发展过程中，“历史”在发展着，人同样也在发展着。

（二）现实的人是思想政治教育基本规律的基本前提

思想政治教育基本规律就是推进社会全面进步、实现人的全面发展的规律。思想政治教育的规律不会自动显现，人们对规律的揭示和规律的实现是需要一些条件的。马克思主义的思想政治教育实现了这一科学变革，把现实的人作为思想政治教育基本规律的逻辑起点和前提条件，使思想政治教育回归人本身。只有立足于现实的人，才能达到思想政治教育的现实而长远的目的。

把现实的人看作实现思想政治教育基本规律的基本前提，深刻的原因在于，思想政治教育是一种不断促进人的品德提升、人格完善和自由发展的社会实践活动，它着眼于人的现实生活，从现实的人的实践活动出发，在不断促进社会进步的同时实现人的发展。以往的研究之所以没有实现对思想政治教育基本规律的科学揭示，就在于没有把现实的人看成探究思想政治教育基本规律的基本前提和关键因素。马克思主义诞生之前的思想政治教育习惯于把具体的人的某一方面的特征抽象出来，把具体的人与自然、人与社会的关系绝对化，转过来凌驾于现实的人之上，成为统治人的外在力量，导致对人的存在状态的刻板模式，遗忘人存在的真正根基和本质意义。历史上的思想政治教育往往从社会需要出发去理解这一社会活动，更多地只是关注其社会价值的实现及其程度，把为社会服务、满足统治阶级的需要看成思想政治教育的本质要求。从社会价值和实现一定社会的需要的视角出发理解思想政治教育有其存在的合理性。原始人类的道德教育是思想政治教育的最初形式，人们为了生存的需要结成原始的合作共同体，形成了原始的共产主义的集体思想。这个时期的思想政治教育既是社会发展、阶级斗争的产物，同时也是人的生存发展的必需，体现了社会与人的发展的内在统一，尽管这种一致性是低水平的、低层次的，但这种利益共同体的思想具有社会发展的象征意义。私有制产生、阶级社会出现以后，思想政治教育主要从属于社会发展的需要，历史上的统治阶级把思想政治教育当成奴役人和维护统治利益的工具。在统治阶级看来，思想政治教育被异化成一种“权谋术”；在被统治阶级看来，思想政治教育是奴役人的精神枷锁。特定历史时期现实的人的阶级性决定了思想政治教育的阶级性。可是，即便如此，思想政治教育作为统治阶级实现统治的工具存在也并没有阻挡其按照内在固有规律发展的步伐，它总是从低级到高级、从不自由到自由、从片面发展到全面发展，这是由现实的人的物质实践活动不断推动的必然趋势。思想政治教育属人的地位的获得是马克思主义产生以后，从现实的人出发，思想政治教育才真正实现了教育的意义和价值。思想政治教育不仅关切人的生存和生活，更要关照人的发展和超越；不仅要在人的现实生活世界之内对人的终极价值进行引导和关照，更要站在现实生活世界之外去审视、反思人的生存、发展与超越。向现实的人的回归是思想政治教育坚持以人为本的内在旨趣，它为实现人的自由而全面发展指明了方向。

马克思主义的思想政治教育从人的现实性着手，把旧哲学中对人的本质做出的虚幻的、颠倒的反映重新颠倒过来，从人的实践活动中理解人和世界的关系，把人直接看作人的世界、看作国家和社会。从现实的人出发，也就是不仅从社会需要和社会关系方面来理解思想政治教育，肯定社会发展的客观要求是思想政治教育产生的原因，同时，也重视从人的主体性视角来认识思想政治教育的本质特征，强调现实的人的物质生产实践活动，人的内在需求和社会关系是推动思想政治教育发展的根本动因。思想政治教育不断促进人的道德品质提高、人格完善和自由发展，这是和思想政治教育活动内在统一的生成过程。如果脱离现实的人这一重要前提，脱离人的现实生存状况和现实需要，没有充分认识到实现现实的人的需要和发展社会关系才是思想政治教育的核心内容和终极目标，无论我们如何努力通过思想政治教育实现人类的美好愿景，都将是一件不切实际的事情。思想政治教育是由一定社会中的统治阶级运用一定的手段向人们开展道德、思想、观念等的实践活动，从表面上来看，受教育者是一个被动的过程，但实际上，从道德、思想和观念的生成过程来看，接受统治阶级的思想观念、道德规范却是主动建构的过程，现实的人的知识背景、生活状况、价值取向等都从某种程度上制约和影响着接受思想政治教育内容的程度。思想政治教育如果忽视了现实的人的发展的主动创造性，也就失去了影响和转化教育对象的能力。从现实的人出发，思想政治教育的本质发展不是静止的、孤立的、片面的，而是动态发展的过程。思想政治教育的变革，蕴含在一定的生产力状况和特定的社会关系之中，人们可以根据新的生产方式对旧的思想政治教育加以改造，通过人的对象性活动，增强人认识世界、改变世界的本质力量，从而推动思想政治教育逐渐由低级向高级不断发展，最终实现社会全面进步和人的全面发展。

第二节　现实的需要是思想政治教育基本规律的重要基础

一、现实的需要是思想政治教育的着力点

马克思把人的需要分为生存、享受和发展三个层次。他指出，当人的衣食住行的需要满足之后，已经得到满足的第一需要本身、满足需要的活动和已经获得需要而用的工具又引起新的需要。不仅要满足生理上的需要，而且要满足人们赖以生息教养的那些社会条件所产生的某些需要。显然，马克思认为，现实的人是有不同需要和不同利益追求的人，人的需要是从低级到高级的动态发展过程，低级需要是人们满足自身生存需要的基本保障，低级需要首先得到满足，在此基础之上，才能满足人们发展和享受需要的更高级层次的需求。

思想政治教育以人的现实需要为着力点，其核心内容就是要不断满足人们对物质文明和精神文明的需要和追求。现实的需要首先是要满足人的物质需要，要把满足人们的基本生存所需要的物质资料作为首要任务。物质需要属于经济基础范畴，解决的是经济利益方面的问题；思想政治教育属于上层建筑范畴，追求道德品质的提升和人格的不断完善，满足的是精神层面的需求，它不能直接解决物质利益问题。但是，不可否认的是，思想政治教育要想获得成效，与人们对物质需求的满足及其满足程度有密切的关系，遵循思想政治教育规律开展实践活动，其实背后所依托的是其物质利益根源。人们的一切行动，从物质资料的生产活动、科学实验到阶级斗争，首先都是由物质利益所驱动的。马克思说过，人们奋斗所争取的一切，都同他们的利益有关。思想一旦离开利益就一定会使自己出丑。物质利益的满足程度决定了人们对一种思想理论的接受程度，科学的理论反

过来才能对物质生产具有能动的反作用，这是思想政治教育是否坚持历史唯物主义的根本分水岭。

思想政治教育满足人的物质利益主要是间接的、隐形的，尽管不能直接为物质资料的生产提供促进生产力发展的现实力量，为人民群众提供现实的物质生产生活资料，但思想政治教育的反作用的力量无论如何是不能低估的。思想政治教育主要通过影响人的思想来推动生产力的发展。生产力有三个基本要素：生产者、生产工具和劳动对象。其中最核心的要素是生产者，是现实中的人。人在生产力中是最活跃、最革命的要素，人有无理想信念、价值追求，人的主动性和创造性的发挥和发挥的程度是使生产力其他两个要素能够发挥作用的核心力量。思想政治教育就是通过精神生产和精神力量为生产力的发展提供思想保证、智力支持和精神动力。物质生产和精神生产的关系是相互促进、相互制约的。生产力的发展水平取决于科技创新的程度，科技创新来自人的积极性和创新性，没有远大的理想、坚定的信念，没有对社会和国家的历史责任，没有对事业成功的执着追求，人的创造性潜力是发挥不出来的，甚至是不可能发挥的。

其次，现实的需要就是要满足人对精神的需要。美国心理学家马斯洛（Maslow）把人的需要从低级到高级分为五个层次，分别是生理需要、安全需要、爱的需要、尊重的需要和自我实现的需要。人的最高的需要就是自我实现的需要，即人对精神生活的无限追求，从这个意义上来说，精神需要具有高于物质生活的价值。物质生活满足物质需要，精神生活追求真、善、美。思想政治教育在重视人们物质利益的同时，更要重视人们对追求更高的精神生活的需要。思想政治教育以提升人的精神境界、塑造人的灵魂、追求人格完善为己任，最终为实现人的自由而全面发展创造条件。人的需要是多方面、多层次的，在教育过程中要兼顾广泛性要求和先进性要求，把二者有效结合，实施分层教育和阶梯教育。人的需要层次越高，对自我发展的精神的追求越强烈。思想政治教育就是要善于引导人们的自我调节、自我发展、自我完善。这个过程既是一个人在生理上从出生到成长的发展过程，也是在心理上不断挑战自我、超越自我，实现人的潜能、潜力、潜质的开发过程。人正是在生理和心理的多种需要得到满足的过程中实现发展的，而对精神层面的心理需求又使人不局限于低层次需要而成为万物之灵长。思想政治教育要激励和引领人不断丰富自我，实现自由全面的发展，这是人的发展的内在要求，也是思想政治教育的本质要求。

最后，现实的需要就是要满足人的交往的需要。马克思认为，社会交往是人类特有的现象、是人的本质活动，也是人区别于动物的主要标志，只有人与人之间才存在交往关系。交往行为过程是在互相承认主体资格的前提下，两个或多个主体之间发生的行为。人的交往行为要想有效，就要构建主体际关系，互相认可、相互满足对方的需要，真诚交流、平等对待、互相尊重。人类的交往行为多种多样，但主要包括物质交往和精神交往。物质交往就是人们在进行物质生产过程中所开展的交往活动；精神交往就是人们在从事精神生产活动时的交往活动。人类第一个活动是进行物质资料的生产，因而先有物质交往，然后语言、文字、作品产生，才有了精神交往活动。物质交往活动是精神交往活动的基础，精神交往活动是物质交往活动的深化，受物质交往活动的制约和影响。思想政治教育要满足人的交往的需要，关键是要承认受教育者的主体地位。思想政治教育属于人的精神性交往活动范畴，其表现形式是通过语言或思想沟通进行的情感和观念上的交流，交往双方在相互影响、互相沟通的过程中实现知识传授、能力培养、情感陶冶、人格提升等。传统思想政治教育遮蔽了人的主体地位，教育过程只注重社会要求，忽视个人利益，社会、群体的利益凌驾于个人利益之上，对思想政治教育的效果带来了诸多的负面影响。思想政治教育承认交往关系中双方的主体地位，就是要在教育活动中构建一种自由、民主、平等的交往关系，使教育者和受教育者在教育过程中始终处于一种平等对话的地位，弘扬人的主体地位，重视人的主体性发展，使双方在独立选择、自由思考的条件下，互相转化、共同提升。

二、现实人的现实需要是思想政治教育基本规律的实现条件

规律的实现是有条件的。思想政治教育的基本规律是促进社会全面进步、实现人的全面发展。要实现社会的进步和人的全面发展需要满足现实的人的现实需要。

人是现实生活中的人，为了能够延续发展就要满足人类基本的生存需要。衣食住行是现实的人每天必须面对的基本需求，这是人类为了实现进一步发展的基本保障，基本生存需要没有得到满足，其他更高层次的需要无法实现。

首先，思想政治教育的效果和规律的实现取决于对人的基本物质生存需要及其满足程度。从发展的总体趋势来看，人们物质需要的满足程度和思想道德水平

的提高呈正相关。处于人的依赖关系时期的思想政治教育，由于生产力水平低下，社会提供的物质资料有限，人们结成原始共同体，共同劳作，共同分享劳动成果，维护氏族的团结和部落的利益是整个社会最重要的任务之一，实现这一任务的重要手段就是通过道德教育，建立原始的共同体。人类社会早期的思想政治教育主要是道德教育，还没有出现真正意义上的政治教育。进入阶级社会，统治阶级由于掌握了占主导地位的生产力和大量的社会财富，利用经济地位的优势，强化其政治教育，教育内容带有明显的阶级性，反映的是少数统治阶级的思想和意志，并想方设法束缚被统治阶级思想的发展。道德教育中从日常生活的习俗性德育内容向政治性内容转变，同时体现了思想政治教育内容随时代发展不断丰富的特点。处于物的依赖关系时期的思想政治教育见证了生产力发展，解除了人与人之间的人身依附关系，人的发展向前迈进一大步。在资本主义社会，生产力的极大发展给人的全面发展创造了物质条件，但人没有真正得以解放，这是由资本主义的剥削制度所导致的。但这并没有阻挡思想政治教育基本规律作用的发挥。资本主义社会的现实关系使人与人之间的关系发生异化，要改变这种关系，则需要通过生产关系的根本变革，把人从异化的状态中解放出来，为人的全面发展创造条件，最终建立体现人的自由而全面发展的“真正的共同体”。总之，思想政治教育的发展水平和发展程度是受生产力的发展水平和程度制约的，生产力的发展满足了人们对物质的需要，为实现政治教育基本规律的实现奠定了坚实的基础。

其次，思想政治教育基本规律的实现依赖于人的精神需要的满足。人作为社会关系的产物，是相互需要和彼此共存的。从人的现实需要来看，物质需要是有限的。虽然物质生活水平在不断提高，人们获得和可供享受的生活资料也在不断增加，但是人们对于物质生活资料的需求在数量上是有限的，人们的吃穿用在量上是相对固定的。精神需要则不然，精神需要具有无限发展的可能。马克思认为，人以其需要的无限性和广泛性区别于其他一切动物。精神生活是人类这个物种特有的属性，动物没有思想，也谈不上精神需要，因而，动物的需要是容易满足的，但人的精神活动随着物质生活水平的提高和历史的发展不断创造和丰富，人的精神生活的发展具有无限的可能性，一部人类生活的奋斗史从一定意义上来看就是人类追求精神生活、满足精神需要的奋斗史。精神生活的资源不仅不会在消费中耗尽，反而会随着时代的发展进步不断充实新的内容。这种趋势在物质资源丰富的发达国家已初现端倪，人们在满足物质需要之后，迫切需要精神生活的丰满，对人的价值和意义的思考、对未来社会充满期待等精神层面的需求成为人们真正的需要。在广大发展中国家，伴随着物质文明的发展，精神文明建设的权重也在不断加大，未来人的需要的拓展和满足的重点应是人的精神需要。

精神需要必须满足人们对精神文化产品的需要。随着生活水平的提高，人们改变了经济短缺的状况，不仅仅满足享受现代化的物质生活，对精神产品的需要越来越迫切，精神生活的需求更加凸显。思想政治教育是满足人的精神需要的重要载体，是对受教育者的思想引领，帮助他们树立理想信念、开阔胸怀、纯洁心灵，进而帮助其了解自身、理解他人、探索世界。精神需要必须与时俱进，用反映时代特征的价值观塑造人的思想和精神世界。思想政治教育的内容要不断创新，在继承传统文化过程中，不断用新的观点提升人、发展人，在精神上恢复完整的人性，提升人的精神境界和整体素质，从而改变人们的生存态度、生活方式，改变迄今仍在持续的对物质财富的无限追求，从这个意义上来理解，精神生活具有高于物质生活的价值。未来社会，随着社会生产力的发展，在满足物质需要的过程中，精神需要将超越物质需要，在人的整个生活领域中占据更重要的地位。

最后，思想政治教育基本规律的实现要建立合理的交往关系。交往是人类基本的生活方式，是人类认识自然、社会和人自身的重要媒介。人们只有通过交往，才能实现对自然界的改造和利用，从自然界中获取物质能量，以满足自身的生存发展，才能实现与社会的互动，建立各种社会关系，从事语言、艺术、哲学、政治、道德、法律等社会活动，实现人的社会化，才能认识人、完善人自身。马克思认为，交往是人的活动和本质的明显外化的表现，人们要想了解自身的关系，就需要和他人进行交往，在交往过程中建立与他人和世界的联系。人的生存过程是在各种不同的交往关系中逐渐生成的，人的发展过程就是人的交往关系不断丰富的过程，人们通过交往体现人与自然、人与社会、人与人之间的关系。但是，人要实现自由而全面的发展就必须建立合理的交往关系。德国学者哈贝马斯（Habermas）认为，当代资本主义的危机源于人类的工具理性，人们以能够计算和预测后果为条件来实现自己的目的，排除价值判断或立足价值中立，要克服资本主义社会中的理性危机和文化矛盾，必须构建新的理性，即交往理性。交往理性不同于工具理性的地方就在于，主体通过建立相互间的关系开展交往、对话、商谈，从而达成共识和协调机制，寻求共赢、互利、发展的心理倾向、认知结构和价值取向。

合理的交往关系是实现社会进步的重要动力和源泉。人们的生产活动过程离不开交往活动，交往和生产紧密相连。物质生产的过程、商品的流通、技术的交流、资源的配置等无一例外都是在交往中进行的，交往使个人的力量成为生产力，因为生产力表现为一种完全不依赖于各个人并与他们分离的东西，表现为与各个人同时存在的特殊世界，其原因是，各个人——他们的力量就是生产力——是分散的和彼此对立的，而另一方面，这些力量只有在这些个人的交往和相互联系中才是真正的力量。日益先进的交往手段和逐渐扩大的交往范围，在推动生产力发展的同时，必然引起生产关系的变革和上层建筑的变化，这是生产关系和上层建筑要适应生产力发展的性质和趋势的必然结果，社会交往活动因此也就成了推动社会进步的重要动力和源泉。合理的交往关系是推动人的全面发展的必然选择。人的发展不仅取决于生产力的高速增长，更重要的是处理人与自然、人与社会的关系，人的关系越来越合理，交往关系就越来越优化。自由和平等的交往关系是理想社会的基本特征，只有在普遍平等的交往关系中，个人才能摆脱各种条件的束缚，获得充分发展的资源。处于人的依赖关系时期的思想政治教育，受狭隘的地域性条件的限制，人们的交往能力有限，人只能在狭窄的范围和孤立的地点上发展，在这里，无论个人还是社会，都不能想象会有自由而充分的发展。处于物的依赖关系时期的思想政治教育，生产力获得进一步的发展，人们的交往关系得到拓展，形成了普遍的物质交换和全面的关系，摆脱了地域局限而同整个世界发生联系，这为人的全面发展创造了条件。但这一阶段的交往关系更多的是功利性的。只有到了未来的共产主义社会，人与人之间建立了合理的交往关系，狭隘的个人才能为世界历史性的真正普遍的个人所代替，“自主活动才同物质生活一致起来，而这又是同各个人向完全的个人的发展以及一切自发性的消除相适应的”，在这一阶段，“任何人都没有特殊的活动范围，而是都可以在任何部门内发展”。总之，思想政治教育基本规律的实现要满足人的交往的需要，建立合理的交往关系，只有这样，人的潜能才能得到释放，最终实现人的解放和全面发展。

第三节　现实的关系是思想政治教育基本规律的本质体现

一、现实的关系是思想政治教育的着眼点

马克思深刻地指出了人的本质在于人的社会性，人是一切社会关系的总和。“社会关系”的含义是指“许多个人的合作”，这里“合作”的“合”是许多个人的有机联系，“合作”的“作”是指许多个人的现实的交互活动。因此，所谓“一切社会关系的总和”指的是，由人的对象化活动以及摄取需要对象的活动所构成的社会关系结构系统。社会关系是由各种关系有机结合而成的系统，不同论域有不同的关系；从社会关系形成的原因来看，可以分为血缘关系、地缘关系和业缘关系；从社会关系的不同主体来看，可以分为个体关系、群体关系、个体与群体的关系；从社会关系的范围来看，有家庭关系、经济关系、阶级关系、民族关系、国际关系；从社会关系的矛盾性质来看，有对抗性关系和非对抗性关系。尽管人的社会关系错综复杂，但是从总体上来看，这些复杂的社会关系系统可以划分为两大类：一类是物质的社会关系；另一类思想的社会关系。列宁说过，马克思主义的基本思想是把社会关系分为物质关系和思想关系。思想的社会关系不过是物质的社会关系的上层建筑，而物质的社会关系是不以人的意志和意识为转移而形成的，是人维持生存的活动的（结果）形式。

物质的社会关系，特指人们的社会生产关系或经济关系，是一种现实的关系；思想的社会关系，特指人们在政治、法律、道德、艺术等方面的关系。一方面，物质的社会关系决定思想的社会关系，物质的社会关系是第一性的，思想的社会关系是由物质的生产关系派生的，是第二性的；另一方面，思想的社会关系系统内部也相互影响、相互作用。

（一）物质的社会关系决定思想的社会关系

马克思认为物质的社会关系决定思想的社会关系，他把物质的社会关系理解

为生产关系，而把生产关系理解为生产力的水平，以此来认识社会形态的发展过程是个自然的历史过程。生产力本义是人们为了生活而结成的“一定的共同活动方式”，实质上就是人们的社会实践活动，是人改造自然的能力，它反映的是人与自然的关系。普列汉诺夫（Plekhanov）曾指出：自然界本身，亦即围绕着人的地理环境，是促进生产力发展的第一个推动力。普列汉诺夫把人所处的特定的地理环境作为生产力发展和人类历史演进的“第一推动力”，但并不是说在任何阶段都是如此，仅限于人类发展的早期阶段，地理环境成为维持生命延续、促进生产力发展的重大力量。人类手脚获得进化后，逐渐脱离动物界的束缚，社会交往进一步丰富，自身的活动范围扩大，人类认识获得发展和完善，适合社会发展的生产关系得以建立，成为促进生产力发展的根本动力。生产关系的本义是人们在实践活动中产生的人与劳动产品的关系，反映的是人们在社会生产中的地位和人与人之间的社会关系。人类社会发展的基本规律就是生产力和生产关系、经济基础和上层建筑之间相互作用与矛盾运动的过程，最根本的推动力量是生产力的发展和进步，从而社会从低级阶段不断发展到高级阶段，这个马克思主义的基本观点和理论迄今为止从未改变。

在马克思看来，无论是生产力还是生产关系，都不是狭义的经济概念，导致这种认识完全是因为人们对“生产”一词的误解。其实，生产力内蕴着人们劳动的技能和技术，同人们的文化不可分割地融合在一起；生产关系一开始是表现为家庭关系的，“家庭起初是唯一的社会关系”。生产关系同时还离不开法律关系、政治关系和各种其他社会关系的共同作用，各种社会关系是相互交融的，政治的、法律的因素都会渗透到生产关系中来。所以，生产力和生产关系与经济有关，但在本质上是人的生存方式、实践本体。从这个意义上来理解，生产力和生产关系之间的关系，显然已经不仅是一般意义的人与人之间在生产过程中所组成的关系，更是一种能体现一定历史条件下人们之间的现实的社会关系。思想的社会关系就是社会思想的物质化。思想的社会关系就是通过人们的意识而形成的关系，是人们在政治、法律、道德、艺术等方面结成的关系。思想的社会关系主要包括观念上层建筑和政治上层建筑。观念上层建筑包括政治、法律、文艺、道德、哲学等各种服务于统治阶级的思想体系；政治上层建筑包括政治法律制度和军队、警察、监狱、法庭、政府机关等设施，以及与之相适应的一套组织。政治上层建筑是在观念上层建筑指导下建立起来的。例如，资本主义的生产关系是一个自然发生的过程，是生产力发展到一定阶段的产物，历史地要求变革旧的生产关系，否则就是制约和阻碍生产力发展的桎梏，它无须通过人们的意识而形成，是不以人的意识为转移的内在力量。这种力量在一定的范围内通过社会意识、思想和各种观点反映出来，由代表社会进步的思想家和政治精英完成从思想到物质的转换，一定程度上形成政治法律思想，从而建立资本主义的政治法律制度。社会主义国家也是如此，革命取得胜利后，在马克思主义政治法律观点的指导下，建立了适合本国国情的政治法律制度。一般说来，在上层建筑的范围内，把政治法律制度和设施看作是思想的“物质的附属物”，它服务于和服从于特定的思想，是特定的思想得以实现的物质手段和工具。因为观念上层建筑本身就是社会意识，政治上层建筑又是在政治法律思想指导下建立起来的，所以说“思想的社会关系”是“通过人们的意识而形成的社会关系”，即统治阶级根据特定的指导思想自觉地建立起来的社会关系，而不是像“物质的社会关系”那样是自发形成的社会关系，它以人的意志为转移。

社会意识的根源是社会存在。物质的社会关系是思想的社会关系的基础，是第一性的；思想的社会关系是建立在物质的社会关系基础之上的上层建筑，是派生的、第二性的。物质的社会关系决定思想的社会关系，有什么样的物质关系，就有什么样的思想关系，思想的社会关系随着物质的社会关系发生变化。马克思对社会关系的认识方法就是从社会生活的各种领域中划分出经济领域，从一切社会关系中划分出生产关系，即决定其余一切关系的基本的原始的关系。思想的社会关系是以人的社会意识为转移的东西，这是思想的社会关系和物质的社会关系的区别，物质的社会关系是不以人的社会意识为转移的，马克思的唯物主义观点就是在这个基础上建立起来的。在资本主义的物质生产关系上产生的自由、民主、平等观念就是物质和思想关系的生动反映，无产阶级的集体主义思想根源于社会主义的公有制，人与人之间的平等合作的社会关系是人们之间的生产关系的反映。但是，物质的社会关系决定思想的社会关系，但思想的社会关系不是消极被动的状态，它可以影响物质的社会关系的形成和发展，具有社会意识所具有的能动的反作用，思想的社会关系在特定条件下或者促进或者阻碍物质的社会关系发展变化。

（二）思想的社会关系内部相互影响、相互作用

思想和观念同政治关系的关系在上层建筑内相互影响、相互作用。恩格斯指出，经济状况是基础，但是对历史斗争的进程发生影响并且在许多情况下主要是决定着这一斗争的形式的，还有上层建筑的各种因素：阶级斗争的各种政治形式及其成果——由胜利了的阶级在获胜以后确立的宪法等，各种法的形式以及所有这些实际斗争在参加者头脑中的反映，政治的、法律的和哲学的理论。这里表现出这一切因素间的相互作用。上层建筑内部诸因素的交互作用中，力量发展是不平衡的。政治是经济的集中表现，与其他上层建筑相比，政治和经济的关系最为密切，政治对经济具有直接的反作用。在某种程度上，政治制度和国家政策对经济的影响是巨大的。哲学是离经济基础更远的思想和观念，同自己物质的存在条件的联系被一些中间环节弄模糊了，但受政治的影响更大。恩格斯曾经说过："政治对哲学发生最大的直接影响。"所以他认为，每一历史时期的思想和观念，不仅要由这一时期的生活的经济条件，也要由这些条件决定的政治关系来说明。思想的社会关系不是单纯的社会意识，而是同物质因素相联系的社会思想。人的社会意识要体现自己，就不能没有"物质的外壳"。政治上层建筑就是体现观念上层建筑的物质外壳。无产阶级直接按照马克思主义来建立政治组织，领导工人阶级开展夺取政权的斗争，最终建立了无产阶级专政的国家政权，把无产阶级的意志上升为国家的意志，相应地，制定了与无产阶级专政相符的政治法律制度。这些制度、法律和观点都属于社会意识范畴，由一定的社会存在决定，但又不仅仅是社会存在与社会意识的关系，它们之间的决定与被决定都不完全是本原与派生的关系，归根到底，它们只是一种在经济必然性的基础之上的相互作用。

（三）现实的关系是思想政治教育的活的有机体

思想政治教育是一定的社会意识的组成部分，属于思想的社会关系范畴，它和政治上层建筑都是由一定的物质的社会关系所决定的。思想政治教育的一个显著特征就是要着眼于人的现实性和社会关系来考察人的发展，这样的教育才能更有成效。现实的人是历史的、具体的、不断发展变化的，因而人的现实的关系也是历史的、具体的、动态变化的过程。思想政治教育要将现实的关系视为一个复

杂而具有层次的系统，避免对社会关系做单一的理解，从社会关系多样性的统一体中把握人的现实性，就要充分认识各种关系在社会关系系统中的地位、性质、特点及其作用，防止认识上的简单化和片面性。

现实的关系按照从个别、特殊到一般的逻辑序列，社会关系可分为四种类型：一是个体与个体的关系，如个体之间的对立、竞争、合作、相互影响等；二是个体与群体的关系，如工人与工厂、学生与学校、党员与党派之间的相互关系等；三是群体与群体的关系，如工厂与工厂、学会与学会、团体与团体、党派与党派、阶级与阶级、民族与民族的关系等；四是国内与国际的关系，如国内与国际的交往、合作、竞争、对抗等多方面的关系。这四种类型的社会关系是相互影响、相互制约、互为前提的。从产生原因来看，社会关系可以分为血缘社会关系、地缘社会关系和业缘社会关系三大类型，其中，血缘社会关系是一种最原始和最初级的社会关系，也是全部社会关系产生的基础。人类社会最初的活动就是生产实践活动，生产关系一开始是表现为家庭关系的，家庭起初是唯一的社会关系。从家庭关系衍生出来产生了其他的社会关系，如地缘关系和业缘关系。地缘关系是以居住在同一地域而形成的社会关系，业缘社会关系是由于从事共同的或相关的职业而形成的社会关系。

思想政治教育不是任何条件下都为统治阶级服务的工具，只有在一定的社会关系中，在阶级社会中，受剥削阶级操纵的思想政治教育才成为奴役人们的工具。正如机器不是在任何条件下都是资本，只有在一定的关系下，它才成为资本一样。共产党人并没有发明社会对教育的作用，他们仅仅是要改变这种作用的性质，要使教育摆脱统治阶级的影响。社会主义社会的思想政治教育就是要从社会主义生产关系出发揭示反映人的现实关系的人的发展的规律。社会主义制度下的思想政治教育是为了更好地实现人的自由而全面的发展，把思想政治教育看成促进人的发展的重要力量，而非奴役人的手段。因此，在实践中，思想政治教育要从现实的社会关系出发，协调和处理好各种社会矛盾，如果对生产关系的社会性质不加以区分、对人的社会关系主体不做实际的考察，就不能正确地处理和协调好各种社会关系，就会在实践中犯错误。

思想政治教育的目的是要促进人的全面发展，人的全面发展一方面是能力的发展，另一方面是社会关系的发展。人的能力发展通过一定的社会关系表现出来，人的社会关系的多样性和丰富性反映了人的能力的发展程度。社会关系实际上决定着一个人能够发展到什么程度。如果说物质的社会关系是人的发展的基础，那么思想的社会关系就是决定人的发展的方向，也体现了人的能力高低。物质的社会关系发展建立了高度发达的物质文明，是推动社会发展的根本力量。但是，如果思想的社会关系没有搞好，没有把人的思想建设放在突出位置，这种发展和进步也只是暂时的，社会的全面进步和人的全面发展也还是一句空话。

纵观 21 世纪世界各国的发展状况，我们可以看到，国民素质已经是决定一个国家国力的强盛、民族的振兴的最为重要的、最具潜力的因素。因此，现代思想政治教育要发挥好思想的社会关系对物质的社会关系的推动作用，使物质的社会关系在促进社会全面进步的同时，不断实现人的自由而全面的发展。

二、现实人的现实关系是思想政治教育基本规律的实现载体

人们在社会活动过程中形成的各种关系，无论多么纷繁复杂，都可以分为经济关系、政治关系、文化关系，正是这三大关系有机地构成了现实的社会关系的基本结构。其中，经济关系是一切社会关系的根源和基础，它决定了建立在其上的政治关系和文化关系。人类社会最初的活动就是生产实践活动。生产实践活动贯穿于人类社会发展过程的始终。因此，在人的生产实践活动中结成的最早的关系就是经济关系。马克思把复杂的社会关系划分为物质的社会关系和思想的社会关系，又把物质社会关系首先归结于生产关系，生产关系主要由生产资料所有制关系、人们在生产中的地位和交换关系、产品分配关系以及由它所直接决定的消费关系等基本层次构成，生产关系是以生产资料所有制为本质，由生产、分配、交换和消费四个环节构成的统一体。然后，马克思又把生产关系归结于生产力的发展水平和发展要求。生产关系不过是人们物质生产活动所借以实现的形式，即生产力的社会存在形式，本质上是由生产力决定的。生产力是最终推动社会进步和人类发展的根本动力，生产力中经济关系的性质决定着其他社会关系的性质以及整个社会关系系统。政治关系是建立在经济关系基础之上的政治法律设施、制度及其相互关系，包括政党、政权机构、军队、警察、监狱、法庭和关于政权的组织形式，立法、司法、宪法和规程等之间的关系。在阶级社会，这些社会关系归根到底都是阶级关系。政治关系中国家问题是政治生活的根本问题，国家的权

力关系是政治关系的核心。文化关系指各种意识之间的关系，包括哲学、政治法律思想、道德观念、艺术思想等关系。文化关系源于一定的生产关系，受一定的政治关系制约，文化关系集中表现为伦理关系，是这种特殊的“现实关系”的抽象。经济关系、政治关系和文化关系构成了人的现实关系，它是实现思想政治教育基本规律的重要载体，只有揭示和反映人的现实关系，从现实关系动态发展的开放系统中才能真正实现人类的解放。

（一）现实的政治关系是思想政治教育基本规律实现的基本载体

思想政治教育就是要推进社会的全面进步、实现人的全面发展，这就需要消灭阻碍社会进步和人的发展的旧的生产关系，同时要消灭与旧的生产关系相适应的政治关系。政治关系最集中的表现就是国家政权。社会主义以前所有类型的国家并不真正代表人们的普遍利益，而是以“一种虚幻的共同体的形式”把特殊利益说成是全社会的普遍利益，统治阶级把自己凌驾于社会之上，以普遍利益的代表者自居。现实的政治关系是思想政治教育基本规律实现的基本载体。社会主义国家是一种新型的阶级关系。社会主义国家第一次成为劳动人民自己的国家。在这里，只有人民才是国家和社会的真正主人，社会主义国家虽然也要运用专政工具处理敌我矛盾，但这已不是最主要任务。坚持和巩固党的领导、人民当家做主、依法治国是社会主义政治上层建筑的主要任务和重要课题，是实现思想政治教育基本规律的必然要求。

事实充分证明，中国共产党不愧为伟大、光荣、正确的马克思主义政党，不愧为领导中国人民不断开创事业发展新局面的核心力量。中国革命、建设和改革开放的历史经验启示我们，伟大的事业需要伟大的政治领导核心领导人民实现。中国共产党，所以能够带领人民不断夺取中国革命、建设和改革事业的胜利，所以能够由弱变强，所以能够不断保持先进性和纯洁性，根本原因就在于中国共产党把实现共产主义理想作为自己的最高理想。

立党为公、执政为民。“立党”就是以党性为根本，为人民谋幸福；“为公”就是大公无私，不为自己和小集团谋求私利；“执政”是为了真正实现人民当家做主。中国共产党除了代表最广大人民群众的根本利益，没有任何自己的特殊私利。这是中国共产党区别于一切其他剥削阶级政党的显著标志。中国共产党自诞生之日起就勇敢担当起团结带领人民实现中华民族伟大复兴的历史使命。中国共产党的历史就是不断发动人民群众、带领人民群众、团结人民群众为实现人民群众自身利益而奋斗的历史。坚持中国共产党的领导、保持中国共产党的先进性和纯洁性是建设中国特色社会主义、推进全面建成小康社会、全面深化改革、全面依法治国、全面从严治党战略任务的根本保证。

过去的一切运动都是少数人的，或者为少数人谋利益的运动。无产阶级的运动是绝大多数人的、为绝大多数人谋利益的独立的运动。实现人民当家做主既是社会主义革命的目标，又是社会主义革命成功后建设社会主义的本质要求。社会主义国家与人民的政治关系是新型的关系，不是统治与被统治、剥削与被剥削的关系。人民当家做主，就是人民自己创造自己的历史，人民自己共同公平地分享劳动创造的果实、共享社会发展的成果，而不被少数人所侵占。人民当家做主，就是要集中民智，实现决策的民主化和科学化。

人民当家做主就是要结束在阶级社会中，政治参与渠道狭窄、人民群众被排除在政治生活之外的局面。由于消灭了人与人之间的根本对立的经济根源，人民当家做主将不断实现人民的自我管理、自我服务、自我教育，从而为最大限度地消除人与人之间、社会集团之间、阶层之间的相互隔阂、相互倾轧创造条件，社会和谐才可能变成现实。人民当家做主是社会主义政党和社会主义国家政治生活中必须坚持的根本宗旨和最高准则。

全面依法治国是实现社会主义民主政治发展的法治保障。历史证明，要推进社会主义民主政治发展，实现人民当家做主，仅喊口号和贴标语是不够的，人民当家做主的社会主义民主政治原则要通过制度化、程序化、法制化建设才能得到根本保障。党的领导地位，也需要制度化、法律化的手段来保障和巩固。“法治”是对“人治”的超越。摒弃“人治”、实行“法治”是对社会主义建设规律探索的新成果。没有社会主义民主，就没有社会主义法制；没有社会主义法制，就没有社会主义民主。社会主义民主和社会主义法制都是社会主义的本质属性，都是建设社会主义过程中不能放弃的根本方略。当代中国，坚持依法治国，就是在中国共产党的领导下，依靠人民群众，管理国家事务、经济社会事务，将人民群众的意志变成的党的意志，将党的意志上升到国家意志。实现科学执政、民主执政、依法执政的过程就是不断探索坚持党的领导、人民当家做主和依法治国有机统一的具体实现形式的过程。从根本上讲，人民的利益、社会主义法制要维护的利益、人民政府的根本利益和中国共产党的根本利益是一致的。中国特色社会主义法制化过程，就是人民主体地位不断显现、国家和社会利益不断协调、全社会法治意识和党的依法执政能力不断提高的过程。当代中国的法制建设从根本上讲就是不断巩固人民当家做主地位、巩固党的领导地位、巩固社会主义制度的过程。党和人民根本利益得到全面彰显之时，必然是社会主义法治实效全面彰显之时。

（二）现实的文化关系是思想政治教育基本规律实现的重要载体

文化作为历史文明的积淀，作为社会发展方向的引领，解决的是人类从哪里来、到哪里去的大问题。恩格斯说过，文化上的每一进步，都是迈向自由的一步。文化作为一种“软实力”，既是促进社会发展的手段，又是社会文明进步的标志。任何一个发展进步的社会，都是建立在物质和文化双重发展基础上的。任何一个真正的现代化的强国，都应该是全面协调可持续发展的。对于今天的人类而言，发展不仅应该包括经济的繁荣，还应包括文化的昌盛。归根到底，只有实现文化的繁荣发展才能实现人类的真正自由和解放。当代中国仍处于社会主义的初级阶段，社会的主要矛盾还是人民日益增长的物质文化需要同落后的社会生产之间的矛盾。繁荣和发展社会主义先进文化仍然受到各种国内外因素的影响和制约。思想政治教育基本规律必须通过社会主义先进文化建设这一“中介”才能实现，从社会主义初级阶段的文化关系出发，找准历史定位和发展坐标，不断发挥文化推动社会全面进步和人的全面发展的作用，这就要求正确处理中国特色社会主义文化与传统民族文化、马克思主义指导思想、西方文化之间的关系。

中国特色社会主义的文化建设需要处理好同传统文化的关系。文化是历史的产物、是历史的延续，中国源远流长、博大精深的优秀传统文化是社会主义文化的母体，不仅为中华民族生存发展提供了丰厚的滋养，也为世界文明进步做出了独特的贡献，即使到今天，仍然闪耀着时代的光芒。中华传统文化中仁爱、民本、诚信、正义、和合、大同等思想，承载着几千年中华文明的核心价值，是培育国人民族精神、国家认同和社会凝聚力的根基。以儒家文化为核心的中国传统文化深刻影响了日本、韩国、新加坡等国的文化发展，以孔子学院为平台的中华文化也正在海外开花结果。罗素曾经说过，中国至高无上的伦理品质中的一些东西，现代世界极为需要，若能够被全世界采纳，地球上肯定比现在有更多的欢乐祥和。中国特色社会主义先进文化应该在顺应时代发展潮流的前提下，不断推陈出新，为当代中国社会发展提供有益的思想借鉴，使具有五千年深厚底蕴和历史积淀的中华文明继续为实现中华民族伟大复兴提供精神动力和思想营养。

繁荣中国特色社会主义先进文化必须坚持马克思主义指导地位，不断用马克思主义引领多元、多变、多样的社会思潮，不断巩固马克思主义的指导地位。马克思主义是迄今为止人类思想发展史中最完备、最科学的世界观和方法论体系。马克思主义是社会主义先进文化的精髓和灵魂，必须一以贯之地坚持。当代中国人民的面貌、中国社会的面貌、中国共产党的面貌之所以能够不断保持生机勃勃、呈现生机盎然，最根本的一个原因是中国人民、中国社会和中国共产党有了马克思主义这一科学思想武器。自从中国人学会了马克思列宁主义以后，中国人在精神上就由被动转入主动。马克思主义所以能够在中国不断发展和传播，从根本上讲，是由马克思主义这一科学理论本身的真理性决定的。马克思主义的真理性是中国人民、中国社会和中国共产党选择马克思主义的内在根源。在全球化、信息化新的历史时期，坚持和发展马克思主义，不断巩固马克思主义的指导地位，不断巩固全党全国人民团结奋斗的共同思想基础，仍然是繁荣发展社会主义先进文化、建设社会主义核心价值观、凝聚中国力量、弘扬中国精神、推进中国道路的根本要求。

繁荣中国特色社会主义先进文化要处理好与西方文化的关系。文化因交流而丰富，文明因对话而多彩。改革开放，一方面给古老的中华文明带来了新的活力，为中华优秀传统文化走向世界增加了新的机遇；另一方面也为外来的异质文化、观念，特别是一些具有西方资本主义文化价值观念提供了在中国社会的存在和发展的土壤，对此我们要有清醒的认识。从中华文化形成和发展的历史渊源来看，中华文化是由多元文化共同凝结为一体的文化，既有汉族的文化，又有其他几十个民族的文化。历史告诉我们，中华文化形成和发展得益于各种文化的交流对话和交融互鉴。对西方外来文化，我们应当本着“洋为中用”的“拿来主义”态度。对一些敌对势力打着文化交流的名义，对我国进行思想文化渗透，利用各种手段对我国青年学生进行拉拢腐蚀，妄图通过文化战、心理战等“软实力”手段动摇我们社会主义思想文化根基，要保持高度警惕。那种对西方文化“照单全收”的态度是不可取的。如何在对外开放中不断提升文化“软实力”已经成为事关党和国家发展全局的紧迫课题。

人的社会关系无比复杂，经济关系、政治关系和文化关系的划分也并不能囊括现实社会关系的一切具体内容。任何一门科学都不可能将一切社会关系包括在自己的研究对象之中，做此划分是把思想政治教育作为文化上层建筑的重要组成部分，从社会结构的相互作用中把握思想政治教育基本规律实现的内在逻辑。现实的人是思想政治教育基本规律研究的逻辑起点，人的现实需要是思想政治教育基本规律实现的重要基础，人的现实关系是思想政治教育基本规律实现的基本载体。思想政治教育不仅要帮助人、关心人、爱护人，而且要提升人、塑造人、完善人，思想政治教育基本规律就是要从更高层次解决人的全面发展问题。只有在现实的人的现实需要和现实关系中，思想政治教育基本规律才能真正得以实现。

第三章　思想政治教育的任务与环境

第一节　思想政治教育的目标与任务

一、思想政治教育目标

思想政治教育目标，是指教育者根据社会的要求与人的发展要求，通过思想政治教育活动使受教育者的思想政治品德在一定时期内所要达到的预期结果。

思想政治教育目标的含义包含以下四个方面：①思想政治教育活动中的教育者与受教育者在制定与实施目标中所处的地位与所发挥的作用是不相同的。教育者是目标的制定者、实施者，在实施目标中始终发挥主导作用。受教育者是目标指向的对象，要在教育活动中发挥积极的能动作用，既要配合教育者实施目标，又要积极努力去实现目标。②目标涉及一定的时间尺度和空间领域。一般来讲，思想政治教育目标实现的时间越长，涉及的空间范围越宽，所体现的人才价值就越大。③目标要涉及内容和方法。思想政治教育内容是目标的具体化，方法则是目标实现的手段。④预期的效果。思想政治教育目标的实施，最终所取得的结果就是思想政治教育的效果。

（一）思想政治教育目标体系

思想政治教育目标不是单一的，而是集合的，是一个目标体系。对思想政治教育目标的分类，可以依据一定标准从不同角度进行分解，将其分为不同的类别和层次。比如，按作用范围可以将其分为总目标和类目标，如思想教育目标、政治教育目标、法纪教育目标、道德教育目标等，每一类还可以细分。按作用对象可以分为个体目标和社会目标；个体目标是指通过教育活动在教育对象个体思想和行为方面所期望达到的结果；社会目标是指通过教育活动在全体社会成员思想和行为方面所期望达到的结果。按时限可以分为远期目标、中期目标和近期目标；远期目标是指经过长时期的持续努力才能达到的思想政治教育目标；中期目标是指需要经过较长时间的努力才能实现的思想政治教育目标；近期目标是指思想政治教育当前所要达到的预期效果。按地位可以分为根本目标和具体目标，等等。

思想政治教育目标，就是指教育者通过开展一系列的思想政治教育活动，让受教育者的思想和行为达到期望的结果。换言之，思想政治教育目标，是教育者依据社会发展的要求、受教育者精神世界发展的需求，对受教育者思想品德方面的一种期望和规定。思想政治教育目标是开展各项思想政治教育活动的依据和动力，体现出思想政治教育的价值取向。

（二）确定思想政治教育目标的主要依据

思想政治教育目标的确定，是社会存在和发展的反映。思想政治教育目标受到多种因素的影响，是多种因素作用的结果。

1. 中国共产党的奋斗目标

中国共产党的奋斗目标是共产党公开树立的旗帜，可以引领前进方向、号令集合队伍、团结凝聚力量。因此，党必须从历史发展的客观实际和人民群众的根本利益出发，正确地提出具有感召力的奋斗目标，引导人民群众认清党的奋斗目标与自身根本利益的内在一致性，团结和带领人民群众为之奋斗。自中国共产党成立以来，共产党人就对自己所奋斗追求的国家形态和国家奋斗目标进行了孜孜不倦、艰苦卓绝的探索与实践。中国共产党的最终奋斗目标，是实现共产主义的社会制度。思想政治教育的目的应同党的奋斗目标保持一致，即要用共产主义思想教育、动员和激励受教育者为把我国建设成为富强、民主、文明、和谐、美丽的社会主义现代化强国而不懈奋斗。

2. 受教育者的实际需要

思想政治教育是培养人的社会实践活动，其所有活动都直接作用于人。在我国，随着时代条件的巨大变化，社会主义市场经济建设和和谐社会建设的深入推进，受教育者的精神需求更加丰富、思想状况更加复杂，因此，受教育者的需求是确定思想政治教育标的的依据。

（三）思想政治教育目标的作用

思想政治教育目标贯穿于思想政治教育的全过程，它自始至终发挥导向作用、凝聚作用、调控作用以及评价激励作用。

1. 导向作用

导向作用是指思想政治教育目标能把教育活动引向教育者所要求的方向，并产生教育者所期望的教育结果。目标的导向作用就是要为思想政治教育活动的开展指明一个正确的方向，保证教育活动不偏离预定的设计轨道，取得预期的效果。

2. 凝聚作用

凝聚作用是指思想政治教育目标能够将教育者与受教育者团结起来，齐心协力地为实现共同目标而一致行动。凝聚力是思想政治教育活动得以顺利开展的重要条件。教育活动的组织者和参与者在教育目标的认识上不一致，必然会导致在实施目标中的分歧，乃至教育活动的失败。影响凝聚力的因素很多，目标不明确、不正确或认识不一致是其中的一个重要因素。思想政治教育目标确立之后，能够将分散的个体力量凝聚起来，为完成一个共同的目标而奋斗。目标总是体现着教育者和受教育者的共同利益，这种利益机制必然能够极大地激发人们的主动性、积极性与创造性，产生一种强大的整体合力，共同去实现目标。

3. 调控作用

调控作用是指思想政治教育目标能对思想政治教育活动的过程起支配、协调、控制、调节、纠偏的作用。从宏观上说，思想政治教育目标可以对教育规划和教育结构的确立与调整进行指导、调节；从微观上说，思想政治教育目标可以对思想政治教育活动的具体安排，教育形式、手段、方法和技术等，起控制、调节作用，并且纠正偏离轨道的教育行为，保证教育活动朝预定的正确方向发展。在思想政治教育过程中，也常常会遇到各种主客观因素的干扰，这些因素会使教育活动偏离设计的预定轨道，甚至走向歧途。如果确立了正确的目标，教育者与受教育者都能够以目标为准绳来校正自己的前进方向，保证思想政治教育始终沿着正确的轨道发展。

4. 评价激励作用

评价激励作用是指思想政治教育目标能够对思想政治教育的效果进行有效的衡量，激发教育者与受教育者的工作热情和献身精神，鼓励他们奋发向上。思想政治教育活动以思想政治教育目标为出发点和归宿，所以，检验教育活动成功与否的根本标准，也就是思想政治教育的目标。当然，还必须有细致科学的评价标准，但是所有的评价标准的最高价值预设均来自思想政治教育目标，目标是评价的最高准则。思想政治教育目标的激励作用主要是：通过目标使人认清未来的发展前景，增强信心，形成实现目标的内在驱动力；通过目标使人产生成就感，从中看到个人和组织价值实现的方向和未来成果的价值大小，形成一种激发力量；通过目标的努力实现过程，磨炼人的意志、锻炼人的能力。因而，目标能够把人们内在的潜力充分激发出来，去战胜困难、克服障碍，达到预期的目的。

（四）思想政治教育目标的类型

1. 按目标的时间划分，思想政治教育目标可以分为远期目标和近期目标

思想政治教育的远期目标，是指经过相当长时间的艰苦努力才能实现的目标，是教育者经过长远的考虑，高瞻远瞩地把握思想政治教育的发展趋势而做出的战略性的目标。远期目标方向明确，指导性强，能鼓舞斗志，增强信心，使受教育者认清方向，勇往直前。思想政治教育的近期目标，是指在较短时间内能够实现的目标，是远期目标的基础和阶段性目标。近期目标一般比较具体和细致，对思想政治教育活动的指导更为贴近现实，因而更具基础性作用。只有近期目标的实现，才能保证远期目标的实现。远期目标在思想政治教育活动中带有战略性特点，也称战略目标；近期目标带有战术性特点，也称战术目标。两者在总的方向和指导原则上具有一致性。有时还可根据具体情况，在长远目标和近期目标之间设立一个中期目标。

2. 按目标的重要程度划分，思想政治教育目标可以分为主要目标和次要目标

思想政治教育的主要目标在目标体系中占主要地位，起支配作用，也是思想政治教育首先要达到的目标。思想政治教育的次要目标在目标体系中虽然地位和作用要从属于主要目标，但也是不可或缺的一部分。两者只是在实现目标的时间先后，投入人力、物力、财力上有一些差别，而不是实质性的差别。主要目标固然重要，次要目标也不可忽视。

3. 按目标实现的程度划分，思想政治教育目标可以分为理想目标和现实目标

思想政治教育的理想目标是期望达到的目标，是将来努力要实现的目标。现实目标是在对实际教育活动进行评估的基础上，根据现有条件确立的必须实现的目标。现实目标是理想目标的基础，理想目标是现实目标努力的方向。思想政治教育目标总是从现实目标迈向理想目标。

4. 按教育对象的范围划分，思想政治教育目标可以分为群体目标和个体目标

思想政治教育的群体目标，是指一个组织或团体所确立的共同的奋斗目标。个体目标是指为个体所确立的教育目标。群体目标是个体目标确立的依据，个体目标是群体目标实现的基础，也是群体目标的一个个重要组成部分，两者密不可分。

（五）思想政治教育目标的特性

1. 指引性

思想政治教育目标的指引性，即目标必须为思想政治教育活动提供方向，并且规范思想政治教育活动的过程。思想政治教育总是为一定社会的经济、政治、文化服务，为促进人的全面发展服务。思想政治教育目标直接指引思想政治教育活动的性质和活动的效果。在我国，思想政治教育必须充分体现社会主义的发展

方向，为实现党的基本路线、方针和政策服务。所以，思想政治教育目标具有鲜明的社会主义方向性，诱发受教育者的正确的思想动机，促进个体在教育过程中有明确的方向和目标，并具备克服困难的意志和勇气。

2. 时代性

思想政治教育目标的时代性，即必须反映鲜明的时代精神和时代特征。我们所处的时代是一个发生重大变革的时代，是一个与时俱进的时代。社会主义市场经济体制的建立和完善，民主政治的发展，党的执政能力建设和先进性建设取得新的进步，人民精神文化生活的极大丰富，到处都呈现出一派欣欣向荣的新气象。同时，勇于开拓、积极进取的创新意识，珍惜时间和注重效率的时效观念，思考问题的全球意识，终身学习和继续教育的观念，可持续发展战略等观念，都作为时代特性反映在思想政治教育的目标内容中，充实思想政治教育的目标与规格。

21 世纪，虽然和平与发展仍是时代的主题，但在世界范围内，仍有许多亟待解决的现实问题需要我们关注，诸如环境问题、能源问题等。各国间的文化观念也在激荡碰撞，交融与分歧并存。面对这些情况，思想政治教育目标一方面要反映社会主义现代化建设所需人才的素质要求，另一方面又必须结合复杂的国际形势对人才的要求，使受教育者既能吸取合理、有益的思想道德观念，又具有识别和抵制腐朽思想的能力素质。同时，还要着眼于未来，预测世界范围内思想政治教育的发展趋势，以面向现代化、面向世界、面向未来。

3. 整体性

事物总是在普遍联系中存在和发展的，思想政治教育目标的体系也是一个整体，具有集合性。我们在认识思想政治教育目标体系的时候，既要运用系统科学的整体观点来分析与评价思想政治教育目标体系，从整体上把握其宏观的联系，也要分析每一个子目标的功能与特点。各个子目标相互联系、相互渗透，有机地联系在一起，组成一个完整的思想政治教育目标体系，发挥整体作用。

4. 差异性

思想政治教育目标的制定既要根据社会发展的要求，适应社会发展的物质、精神、文化基础，又要考虑到受教育者本身的个体思想政治品德差异。应该针对教育对象的职业、层次、年龄、个性等因素，制定适合不同层次教育对象成长发展需要的具体的要求，以因材施教、循序渐进。将受教育者的共性与个性相结合，既有宏观的整体的把握，也有微观的个体的关注，从而更有效地推进目标的实现和教育对象思想政治品德素养的提升。

5. **实践性**

目标不是凭空想象和制造出来的，必须是可以预见的结果。目标虽然高于现实，但更是源于现实，对现实起指导作用。所以思想政治教育目标必须具有实践性，即能够指导实践的开展，具有可能性和可行性。这样，目标才不至于变成高耸的空中楼阁，令人可望而不可即。

（六）思想政治教育目标的功能

思想政治教育目标对思想政治教育活动和活动主体思想品德的形成有着以下四方面的功能：

1. **保证思想政治教育活动正确的政治方向**

思想政治教育活动的方向是由思想政治教育的根本目标决定的，具有保障、引导和激励的作用。我们的学校是具有社会主义特色的学校，思想政治教育要搞清楚“为谁培养人”的问题。因此，我们要毫不动摇地坚持中国共产党的领导，凝心聚力、立德树人，为党和国家培养德、智、体、美、劳全面发展的建设者和接班人。

2. **衡量思想政治教育活动效果的重要依据**

思想政治教育目标是整合思想政治教育所有具体评价标准的精神内核，不仅是思想政治教育活动应努力的方向，也是评估思想政治教育活动成效的重要依据。比如，受教育者的求知需要是否得到满足？思想素质是否得到提升？这两点是评价教育活动效果的重要指标和重要依据。

3. **激发思想政治教育活动主体的创新活力**

思想政治教育过程是教育者和受教育者的双向互动过程，只有教育者和受教育者都充分发挥主体能动性，积极参与互动，思想政治教育才能取得预期效果。为了达到更好的效果，就要不断激发思想政治教育活动主体的创新活力，借助互联网、大数据等多媒体方式，创造出更新的教育手段、教育载体、教育形式，达到更好的教育效果。

4. 促进思想政治教育活动主体的全面发展

思想政治教育目标，是教育者对受教育者思想品德方面的期望和规定，通过开展各项思想政治教育活动，促进教育者和受教育者的全面发展。

（七）思想政治教育目标的管理

1. 目标实施计划制订的管理

思想政治教育目标确立之后，要将目标的内容付诸现实，必须制订实施计划，用以作为实施目标的构思。对目标实施计划的制订进行管理，必须做到以下五个方面：

（1）明确思想政治教育目标的实施者

它既包括党和政府的各级组织、部门，也包括教育者的群体和个体，一般统称为教育者。还要明确目标实施的教育者应承担的任务和职责。

（2）确定思想政治教育目标实施对象的任务

即受教育者应承担的责任与任务。包括分析受教育者的思想政治品德的现状和身心特点，并预测其发展趋势。教育对象也可根据自身成长的特点和能力，切合实际地接受思想政治教育的有益的观点和建议，参与目标及其实施计划的制订，充分发挥主动性、积极性和创造性。

（3）制定思想政治教育目标实施的措施

应包括人员的分工、物质条件的配置、规章制度的制定、舆论氛围的营造、检查评估的程序等。这些措施是实现目标的物质、人员和精神保障，务必做到准确、具体。

（4）确定思想政治教育计划实施的步骤与手段

在制订思想政治教育目标实施计划时，要明确时间期限，安排步骤，选择方法、手段，以保障目标实施的有序进行。

（5）将整体目标细化分解落实

在制订实施计划时，要将整体目标分解成若干子目标，逐一落实到具体单位、部门和人员，使其各自明确任务和职责，切实保证目标管理的到位。

2. **目标实施计划执行的管理**

思想政治教育目标实施计划制订以后，就进入具体执行阶段。在这一阶段，教育者与受教育者在计划的指导下，通过教育活动去共同完成承担的任务。不能将思想政治教育目标的实施看作是教育者或受教育者单方面应该承担的任务，而应该由两者齐心协力去共同完成，发挥各自的优势，充分体现主动性、创造性和积极性。

在执行的过程中，由于计划和现实的差距，还需要根据具体情况对计划做出及时的检查。对目标实施计划执行的检查包括目标实施计划执行的进度、效果、措施、环境及各子目标的进展是否均衡等。可以采用自检、互检、上级检查等方式，并可采取定期检查与不定期检查、全面检查与抽样检查相结合的方法。

3. **目标实施计划调节的管理**

目标实施是一个系统工程，在实施的过程中，教育活动的各要素之间，项目内容的进展与协调，各环节、步骤的连接与过渡都会出现不平衡与不协调的情况。为了保证目标的顺利实施，对目标实施中遇到的各种不平衡情况进行适时的调节就显得非常必要。在调节过程中，遇到原定的目标，经实践检验不符合实际情况而难以实现时，就需要及时修正、更换，选择新的实施目标。

4. **目标实施结果评价的管理**

对目标实施结果的评价，是对思想政治教育目标实施后取得的教育效果进行的评价。通过对目标实施结果的评价，不仅可以总结经验，肯定取得的成绩，还可以发现存在的问题，找出不足，寻求解决的方法和途径，以获得进一步的提高和完善，为下一阶段目标的制定提供参考和依据，奠定实施的基础。

评价可以从目标项目的实现度、目标项目实施中的协作情况、实施进度的均衡性、实施对策的有效性等角度着眼。一般采用分项记分、综合评定、自我评价及领导评价相结合的方式进行。评价应该形成一体化的考核标准，以决定实施有效的激励手段。

评价还要发挥目标的激励作用。人是管理的核心和动力，能否调动人的积极性、发挥人的创造性和主动性，是管理活动成败的关键。正是从这个关键问题出发，需要强调目标的激励作用。理论研究和实践经验都表明，一个单位、一个人如果没有明确的目标，是不可能激励集体及其成员去积极工作的。因此，加强理想和目标教育，树立远大理想和很强的目标观念，对于提高和保证管理绩效是极其重要的。

二、思想政治教育任务

思想政治教育的根本任务是思想政治教育在社会主义现代化建设中所承担的最重要的责任，是为达到思想政治教育的根本目的所需要完成的基本工作。思想政治教育的根本目的是提高人们的思想道德素质，促进人的自由全面发展，激励人们为建设中国特色社会主义，最终实现共产主义而奋斗。思想政治教育的根本任务与思想政治教育的根本目的相一致，所以，我们概括思想政治教育的根本任务是：用马克思主义和中国特色社会主义理论体系教育广大人民群众，培养和造就有理想、有道德、有文化、有纪律的社会主义新人，即培养“四有”新人。

在“四有”新人理论中，理想是关键，是推动新人发展的根本动力，青年一代有理想、有担当，国家就有前途，民族就有希望。育人为本，德育为先，道德在一定程度上反映了理想，是理想在行为规范上的表现，青年人要有担当精神和奉献精神。学习知识的积极性来源于对远大理想的不懈追求，而良好的道德情操和纪律观念能促使人们学好专业知识、掌握专业技能并投身到社会主义建设之中。纪律是建立在理想、道德之上的，一个人坚持什么样的理想、道德，就会有什么样的纪律行为表现出来。纪律是实现共产主义伟大理想和遵守共产主义道德的重要保证。

每位青年人都是中国梦的筑梦人和追梦人，培育“四有”新人是思想政治教育的出发点和归宿，体现了社会主义经济、政治、文化对社会成员思想道德素质和科学文化素质的全面要求，思想政治教育是培育“四有”新人的基本途径。培育“四有”新人作为思想政治教育的根本任务，既是建设高度的社会主义精神文明的需要，也体现了思想政治教育的本质；是实现中华民族伟大复兴的中国梦，建成富强、民主、文明、和谐、美丽的社会主义现代化国家的内在要求和根本条件。

从思想政治教育角度讲，培育“四有”新人应从以下四方面着手：

（一）树立远大理想

一个没有远大理想和崇高生活目标的人，就像一只没有翅膀的鸟、一台没有马达的机器、一个没有钨丝的灯泡。由此可见，远大的理想对一个人人生价值的实现是多么重要，远大的理想能够指引人们前进的方向，是推动人们前进的动力。把我国建设成为富强、民主、文明、和谐、美丽的社会主义现代化国家，需要一代代有远大理想的人民坚持不懈地努力奋斗。

尤其是青少年要有理想，要将他们的个人理想与中国梦紧密结合在一起，并为之努力，发挥迎难而上、锲而不舍、持之以恒的奋斗精神，努力实现自身价值，为社会主义建设添砖加瓦，为实现中华民族伟大复兴贡献自己的一份力量。思想政治教育工作者要明确认识到，理想是指路明灯，没有理想，就没有坚定的方向。在任何时候都要坚持社会主义、共产主义理想教育，引导受教育者树立远大的理想，并在实现理想的进程中不畏艰险、勇于奋斗。

（二）培养道德品质

道德是对人们社会生活的规范，是一种社会意识，道德一般通过人们的自律或舆论来对人们的思想和行为进行约束。帮助受教育者形成良好的道德品质，对个体的健康成长和社会的稳定发展有着重要的意义。

国家倡导社会主义核心价值观，提倡爱祖国、爱人民、爱劳动、爱科学、爱社会主义的公德。这“五爱”是社会主义道德的基本要求，体现在社会生活的方方面面。做到“五爱”，促使人与人之间形成平等、团结、友爱、互助的社会主义新型关系，需要引导人们用社会主义道德准则要求自己，用社会公德、职业道德、家庭美德、个人品德教育等规范自己的行为，并以遵守这些具体道德规范为起点，逐步向较高的道德境界迈进。

要引导受教育者把国家和人民的利益放在高于一切的地位。要培育和践行社会主义核心价值观，要以培养担当民族复兴大任的时代新人为着眼点，强化教育引导、实践养成、制度保障，发挥社会主义核心价值观对国民教育、精神文明创建、精神文化产品创作生产传播的引领作用，把社会主义核心价值观融入社会发展各方面，转化为人们的情感认同和行为习惯。坚持全民行动、干部带头，从家庭做起，从娃娃抓起。我们要引导受教育者树立正确的价值导向，从点滴小事做起，培养自身的思想道德品质，把国家和人民的利益放在高于一切的地位。

（三）提高文化素养

文化素养与社会科技发展水平、社会生产力有着密切的联系，体现着人们学习和掌握知识的能力和水平。在竞争激烈的社会环境中，谁能拥有高素质的人才谁就能在竞争中赢得先机，要立于不败之地，就要尊重知识、培养人才。学习科学文化知识，能够使人们摆脱愚昧无知，丰富精神世界，培养博大的胸怀，树立崇高的理想，形成科学的世界观、人生观、价值观，为社会主义现代化建设发挥更大的作用。

（四）增强法治观念

法治是治国理政的基本方式，依法治国是社会主义民主政治的基本要求。通过法制建设来维护和保障公民的根本利益，是实现自由平等、公平正义的制度保证。

法者，治之端也。法治兴则国兴，法治强则国强。加强公民法治教育，增强法治观念，提升法治意识和法治素养，让公民自觉遵守法律法规、社会秩序，保障社会和谐稳定、国家长治久安。

在社会主义现代化建设的过程中，注定会遇到风险、阻碍，面对困难，我们要引导受教育者形成接受和顺应社会变革的心理、与时俱进的意识，用积极乐观的生活态度，开拓拼搏的精神，强烈的事业心、责任感、正义感等，主动选择未知且充满挑战的领域，勇于开拓、敢于创新，不畏困难、不怕挫折，向着理想目标奋进。

第二节　思想政治教育的环境

一、思想政治教育环境的含义、特点及分类

（一）思想政治教育环境的含义

环境是指环绕在人的周围并给人以某种影响的客观事实，即人的生活的所有外部条件的总和。从一般意义上讲，环境分为自然环境和社会环境。自然环境是指天然的、未经人类加工改造过的物质世界，如原始的日月星辰、江河湖海、山川平原等。社会环境是指人类对自然的征服和改造，包括征服、改造的过程和生产的劳动产品，以及在这个过程中所形成的各种社会关系。社会环境还包括经过人们加工改造的社会精神生活方面的东西。

思想政治教育环境是指对思想政治教育活动以及思想政治教育对象的思想品德形成和发展产生影响的一切外部因素的总和。它环绕于人的周围，是人思想形成和转化的外因，它渗透于思想政治教育活动中，对思想政治教育的主体、客体、目标、内容、方法等诸要素产生约束、促进和感染作用。思想政治教育环境除具有一般环境的属性，还具有广泛性、动态性、可创性、特定性等鲜明特点。

同样，思想政治教育环境也分为宏观环境和微观环境。思想政治教育宏观环境主要是指社会的经济、政治、文化大环境，也称为社会宏观环境；微观环境主要是指家庭、学校和工作环境等，也称为社会微观环境。社会宏观环境对人的思想政治品德的形成、发展，以至对整个人生的影响是最根本的。社会微观环境对宏观环境具有能动作用，通过营造良好的微观环境，能对社会起辐射、示范作用，促使宏观环境的优化，但社会微观环境不可能制约和决定社会宏观环境的走向。

（二）思想政治教育环境的分类

思想政治教育环境包括的因素广泛而复杂，可根据不同的标准将其分为不同

的类型。从系统论角度，思想政治教育环境可以分为外部环境和内部环境两大板块；按构成要素的性质划分可以分为自然环境和社会环境，其中，社会环境更为广泛而复杂，对个体发展的影响更全面、更深刻。按思想政治教育环境的覆盖范围可以分为宏观环境和微观环境。其中宏观环境包括经济环境（社会经济制度及经济生活条件）、政治环境（社会政治制度及现实政治状况）、文化环境（社会文化及各种文化活动）、大众传播媒介等。微观环境包括家庭环境、学校环境、社会组织（工作）环境、社区环境、同辈群体环境等。人们的思想、观念和行为态度无不是在现实的具体的社会关系中形成和发展起来的，思想政治教育环境的变化对人的思想和行为形成和发展的影响不仅是积极的，也有消极的。

二、影响思想政治教育的主要环境

（一）媒体环境影响

随着5G时代的到来，以互联网为主要媒介的新媒体环境更加便利、智慧、无处不在，对青少年的学习、生活、交流方式、行为习惯以及思维方式带来深刻影响。和传统报纸、广播、电视等媒体不同，新媒体在技术上依托于新兴科技，如移动通信技术、网络技术、互联网技术等提供给受众信息服务的多种多样的新手段、新工具。以微博、微信、抖音为代表的交流平台，极大地增强了信息交流和传播的效率，还为受众对象充分提供了个性张扬的空间，为此，新媒体更为青少年群体所青睐。

新媒体只是搭建了一种交互的平台，其本身对青少年品德和思想政治教育不会产生影响力，但其承载的媒体信息背后附带着极强的价值观，积极有效地应用新媒体平台，能够发挥正面的导向作用和影响。比如，受新冠肺炎疫情影响，多种形式的网络教学被青少年所熟悉，丰富的优质教学资源、精品课程让更广泛的青少年群体受益，适应学习方式、思维方式的转变，青少年的自主学习能力得到充分训练。作为教育者，从被动学习掌握运用新媒体开展教育教学活动，转变为主动适应这一新兴模式，有效发挥新媒体的优势，不断提升对青少年思想政治教育的针对性、实效性。但新媒体又是一把双刃剑，互联网的快速发展，并没有改变其隐性的、非理性的、负面价值渗透的弊端，青少年依托新媒体获取信息、表达信息更加便利，但缺乏流程监管和审核，造成网络信息和观点的“非理性繁荣”，一些社交媒体受利益驱动，过度营销、诱导分享，为谣言和违法违规信息的产生和传播提供了土壤。青少年缺乏辨别和自控能力，在接收这些扭曲事实、虚假利诱的信息时，极易跟风或沉迷其中，为其积极向上的思想观念和品德形成制造了极大的阻碍。

（二）家庭环境的影响

思想政治教育的家庭环境是指影响和制约家庭成员尤其是孩子思想品德形成发展的各种家庭因素，如家庭结构、家庭成员之间的关系、家庭的物质和经济条件、家长的思想道德素质及其教育理念和态度等的总和。父母是孩子最好的老师，家庭环境的诸多要素对青少年成长和发展的性格塑造、价值观培育起着极其关键的作用。一方面，家庭环境对青少年的影响具有系统性。人一出生，家庭便成为人生的第一所学校，所有家庭成员的价值取向、性格特征、为人处世风格都时刻熏染着孩子，在其融入社会的每一步都产生深刻影响。在青少年时期，家庭成员的示范、陪伴都会给青少年留下极为深刻的印象，有效的沟通、和睦的家庭关系、优秀的文化素养和良好的道德品质，都会为青少年形成健康人格、树立远大目标、坚定理想信念奠定重要的基础。但是，家庭影响主要在父母，其他成员、其他要素也同等重要，不是说有良好的家庭环境就一定能培育积极健康的青少年人格，就一定能使青少年养成良好的思想品德，这取决于多种要素的有效衔接，是一项系统工程。另一方面，家庭环境对青少年的影响具有渗透性。家庭教育融入日常，对于青少年的思想政治教育和良好品德养成渗透在家庭生活的每个细节中，一般来说，刻意或强加给青少年思想上的某一影响，特别是对其不乐于接受的影响，往往会带来与家庭期望相反的效果。春风化雨，润物细无声，家庭环境的渗透性应该引起家长、教育者更多的重视。

（三）学校环境的影响

学校是一种特殊的社会组织，是有目的、有计划、有组织地向教育对象传授文化知识、劳动技能、价值观念、政治观点、社会规范，以培养合格社会公民的机构。学校既对青少年的文化知识进行系统培养，又是青少年参与更广泛的社会关系的重要活动场所，通过学校有目的、有计划的教育教学活动，师生共同相处的校园环境对青少年形成良好的思想品德具有重要影响，有针对性地开展青少年思想政治教育，教育对象更易接纳、信任和认同。但学校毕竟是一个更广泛的人与人交往的群体，在群体活动的同时，还存在学生个体之间的互动，青少年接收到的价值影响并非完全由学校教育者所主导，来自某些个体的影响对于青少年自身而言更深刻、更持久。这些个体影响有积极的，也有负面的。

学校环境的影响表现出更加全面性、针对性、潜在性的特征。一方面，学校按照大纲要求有目标、有计划地开展教学活动，在思想政治教育上更是结合青少年的特点开展世界观、人生观、价值观的教育。在德、智、体、美、劳等多方面开展全视角、全维度的影响教育，有助于青少年树立明确目标，在多种角色体验中，绝大多数青少年能够形成良好的个性特征和文化素养。另一方面，学校在开展思想政治教育的过程中更加注重青少年个体的差异，对于家庭环境缺失、迷恋网络难以自拔以及有其他特殊情况的青少年，教育者会通过有针对性的关注和影响，调节其心态、影响其行为，使其逐步建立更加积极向上的价值导向，再有，学校环境的影响并非都是显性的，更多环境影响来自学生自己的体验、体悟和反思，这种根植于内心的感悟决定着青少年的思想认知，应该更被教育者所注重。

（四）同辈群体环境的影响

同辈群体是指年龄相仿、生活环境相似，因为兴趣爱好相投而关系比较紧密的青少年群体。这一群体对于青少年个体的影响相对于社会和学校所主导的影响更自由、更直接。青少年在同辈群体环境中，可以随心所欲地表达自己的喜好，没有家庭、学校的束缚，可以不加掩饰地评价、热衷或排斥某些事物，在个性表达上更加真实，这就为青少年思想品德的形成带来了更多不确定性，有时候同辈影响是积极的，与主流价值是相一致的，但有的时候，同辈影响的方向与主流价值不一致，一旦在同辈群体环境中产生某一思想共识，便会在这一群体中形成相互支持、认可的比较牢固的价值观念。特别是进入青春期，青少年常会表现出从众倾向，对家庭的依恋逐渐转向伙伴群体，形成亲密的伙伴关系。他们在言行、爱好、衣着打扮等方面的相互影响更加深刻，相互的信任胜过对家长和老师的信任，解决问题的思路和方法主要来自同伴之间对共同问题的讨论与经验。为此，同辈影响既可以加深也可以减弱其他环境进行的思想政治教育影响。作为教育者，在认识和开展思想政治教育的过程中，要善于从了解青少年伙伴关系上找出个性问题的答案。

三、思想政治教育环境的功能

第一种观点认为，环境对人的思想政治品德的作用主要表现在以下三个方面：一是思想政治教育环境对人的思想政治品德形成和发展的促进作用；二是思想政治教育环境对人的思想政治品德具有感染熏陶和潜移默化的作用；三是思想政治教育环境对人的思想政治品德的发展具有重要的约束和规范作用。

第二种观点认为，思想政治教育环境的作用具有自发性与导向性并存、渗透性与驱动性共生、直观性与感染性互动三个方面的特点。

第三种观点认为，某些环境对人的思想品德和心理发展的作用是巨大的。环境对人施以各种环绕力，具体表现为以下三种力量：一是推动力，二是感染力，三是约束力。

四、思想政治教育环境的建设

思想政治教育环境建设的问题主要围绕环境建设的原则、标准、过程、规律、方法展开。

关于思想政治教育环境建设的原则，研究者认为，主要有自然适应性原则、方向性原则、整体性原则、求实性原则、创造性原则、主体性原则、拓展性原则。关于思想政治教育环境建设的标准，研究者认为，其总体标准就是环境的美化、净化和优化。具体标准可分四个层面，即完全控制、基本控制、部分控制和丧失控制。

关于思想政治教育环境建设的过程，研究者认为，这不是一个单一的过程，而是一个多维过程，是一个由思想政治教育环境的创造者、作用对象和环境因素三个基本要素相互联系、相互作用构成的有机系统，此建设过程具有社会性、实践性、主动性与被动性等基本特点。

关于思想政治教育环境建设的规律，研究者认为，这是思想政治教育环境建设过程中诸多环境要素之间本质联系及其矛盾运动的必然趋势，主要有协调控制律、能动受动律和适应超越律三大规律。关于思想政治教育环境建设的方法，研究者认为，常用的主要有社会导向法、整体协调法、筛选转释法、利用优势法、环境隔离法、适时强化法、比较鉴别法、典型示范法等。

五、优化思想政治教育环境的措施

（一）净化经济环境

面对复杂的经济环境，我们需要净化，吸取积极有益的、剔除落后盲目的因素，思想工作和政治工作是完成经济工作和技术工作的保证，它们是为经济基础服务的。所以进行经常性的思想政治教育，从宏观来说，保障和引导市场经济的发展，提倡公平、公正的合理正当竞争，保证社会主义方向；从微观来说，加强社会主义精神文明建设，学生在倡导科学、文明、健康的生活方式的过程中，尽最大努力杜绝各种丑恶现象，提高鉴别能力和防止腐蚀的能力，以诚实守信、遵纪守法、艰苦奋斗为荣，增强同市场经济相适应的自主、自立、自强的意识，真正使自我成为坚实的“防火墙”。

（二）优化政治环境

党团组织加强学生政治意识、政治情感、政治行为的综合培训，培养学生的政治热情，抓住学生关注热点的心理，加强形势与政策的正确引导，努力开拓民主生活的领域，丰富民主生活的内容，为学生创造更好的条件，学生应当树立主人翁的意识，积极享有权利，热情地进行政治参与，树立正确的政治观，提高政治民主素养，在生活学习中注意良好道德行为的养成，通过道德情感的体验和道德行为的评价，不断加深和固化道德观念，做到知行统一、言行一致、表里如一。

（三）美化道德环境

美国哲学家、教育家杜威（Dewey）说：“一切能发展有效地参与社会生活的能力的教育，都是道德教育。”在生活中浓化道德环境，加强学生的世界观、人生观、价值观、道德观的教育。以思想政治教育理论课为主阵地、主渠道，深化思想政治教育理论课的改革，努力做到教学形式多样化，内容生动活泼，通俗易懂，特别加强中华传统美德的教育，将爱国主义、集体主义的宣传深入学生生活实际，培养学生的责任感，提高自身的道德修养，注重道德学习，培养良好的心理素质，防止道德失范、失真，将道德理论应用于实践中，使他们的思想向着健康的方向发展。

（四）深化文化环境

宣传、理论、网络环境等舆论阵地，要按照以科学的理论武装人，以正确的舆论引导人，以优秀的作品鼓舞人，以高尚的情操塑造人。学生的精神食粮要丰富、高质。开发多种多样的思想政治教育活动。杜绝低俗、反动的媒介毒害学生。重视网络文化教育，建设融思想性、知识性、趣味性的教育网站如学校的德育网、社团网、就业网等学生喜闻乐见的网站，利用网上平台的信息交流，经常性地加强学生的沟通，将公民道德基本规范和基本要求融入经常性思想政治教育工作中。加强网络思想政治队伍建设，形成网络思想政治工作体系，牢牢把握网络思想政治工作的主动权。

第四章 思想政治教育的内容

第一节 思想政治教育的内容要求

一、选择思想政治教育内容的要求

思想政治教育内容是历史的产物，也是社会发展和人的全面发展的时代要求，具有动态的特性。在思想政治教育内容选取中要注意以下四个方面的要求：

（一）思想政治教育内容要具有针对性

针对性是指思想政治教育必须根据思想政治教育发展规律，根据受教育者身心的特点选择教育内容、采取教育方法，做到强化思想政治教育主体、凸显思想政治教育客体，实现思想政治教育效益最优化。思想政治教育内容所体现的针对性，强调的是内容的现实性，各种内容的选择要能够立足现实。认清思想政治教育内容所体现出的个人实际状况，是正确把握它的前提。思想政治教育如不从受教育者的实际出发，等于放弃了思想政治教育的目的，达不到改造“旧人”、培育“新人”的宗旨，超越受教育者实际的教育是难有成效的教育。必须选取那些能够反映时代特征的思想政治教育内容，加强其针对性。必须对那些符合时代要求的内容进行强化，将其现实感凸显出来。只有使思想政治教育实践真正能够解决人们的实际问题，才符合以人为本的要求。

（二）思想政治教育内容要具有实效性

思想政治教育内容实效性程度，依赖于是否能够从实际出发、实事求是。而思想政治教育内容的要求如果确定得合理，则可为个人从实际出发提供导向。思想政治教育内容要立足现实，具有鲜明的时代特色，切入社会发展脉搏，紧跟时代步伐，才不会落伍，才会充满生机与活力。对思想政治教育的实效性要求，则应由社会的统一要求与个人的自律相结合而产生。思想政治教育工作要做到两个方面统一，即思想政治教育工作主体对社会发展现状的准确了解，思想政治教育工作对个人需求与社会需求规律的深刻把握。从现实出发选择的思想政治教育工作隐含着实现社会价值与实现个人价值的双重特点。而思想政治教育的现实性则要求教育者强化有现实感的思想政治教育内容，让人感到思想政治教育目标切实可行，通过受教育者的努力能够达到思想政治教育的目标。

(三) 思想政治教育内容实用性与时效性的协调

思想政治教育内容的实用性与时效性要求并非是与其他特点相脱离的孤立存在，而是植根于其他特点之中的一种隐性规定。实用性是指思想政治教育内容能够使教育客体解决自身的诸多问题并产生效益。追求思想政治教育内容的实用性是达到思想政治教育时效性的先决条件，没有前者便没有后者。然而具备实用性的思想政治教育内容却不一定具有时效性，这里涉及一种思想政治教育方法适用的选择问题。时效性特征考虑到在保证内容有用的前提下，对思想政治教育效果的选取。没有效果或在很长时间后才能取得的效果，都会使教育主客体对思想政治教育感到失望。为此，需要采取一切可行的手段，以使教育主客体双方都达到理想的效果。

(四) 思想政治教育内容要具有连续性

连续性要求侧重于教育客体成长各阶段之间的相互衔接，防止出现教育过程内容之间的断层。连续性要求指思想政治教育内容的选择，必须考虑到受教育者身心发展的阶段性特征，确定不同阶段的内容要求。无法对受教育者德育现状做出如实的量化评述，让受教育者的思想政治教育发展在缺乏有效引导的状态下进行，最终导致德育教育缺乏贴近现实、贴近生活的真实感和能引发受教育者兴趣的质感。因此，思想政治教育内容的选择与提出，要注重对受教育者要求的层次性与受教育者身心发展的渐进性的关注。

二、思想政治教育的内容分析

思想政治教育的内容，它是党和国家对社会成员实施思想政治教育时在思想、政治、道德、法律、心理等素质方面的要求，是决定民族素质的重要方面。它不仅体现思想政治教育的性质，而且是实现思想政治教育目标与任务的重要保证。思想政治教育目标内在规定的丰富性以及对教育对象素质发展的多方面教育的需要，决定了思想政治教育的具体内容也是全面的、广泛的、具体的。

（一）世界观、人生观、价值观教育

世界观、人生观、价值观教育是思想政治教育最根本的内容。整个思想政治教育如果不着眼于引导人们树立正确的世界观、人生观、价值观，那么人的发展问题便不可能得到根本的解决。

1. 世界观教育

世界观是人们对于世界的总的看法和根本观点。世界观来源于人的生产和生活实践，每个人在改造自然和改造社会的实践中形成了人与人之间的各种社会关系。每个人都按照自己的世界观来解释各种现象、处理各种问题。因为人生活在世界上，除了参加物质生产活动，获得必需的物质生活资料外，还要进行政治、思想、文化的各种交往活动。人们通过人际交往与社会实践，逐步加深了对社会生活的认识，产生了对各种具体事物、现象的看法，随着社会实践的发展，日积月累，就由认识具体事物到认识一般事物，由现象到本质，逐渐形成对世界的总的看法和根本观点。

世界观可以分成唯心主义和唯物主义两种根本对立的类别。在认识和对待精神与物质、思维与存在的关系问题上，唯心主义主张精神第一性、物质第二性，而唯物主义主张物质第一性、精神第二性。马克思主义世界观属于唯物主义世界观，是辩证唯物主义与历史唯物主义的有机统一。

世界观教育是一项长期的任务。世界观的转变是根本的转变。马克思主义世界观是科学、正确的世界观。树立马克思主义世界观，是由我国的社会主义性质所决定的。引导和帮助人们树立马克思主义世界观是实现思想政治教育目标的根本保证和最高成果。

（1）马克思主义哲学理论的教育

作为科学世界观和方法论的马克思主义哲学，是马克思主义学说的理论基础，是人们认识世界和改造世界的思想武器，也是改造主观世界的准则。马克思主义哲学理论教育的主要内容是：世界的物质统一性的教育，自然、社会、思维运动的一般规律的教育；人类社会运动的基本规律的教育，人类认识运动的基本规律的教育，通过这些教育，使人们逐步树立阶级观点、群众观点、劳动观点、辩证唯物主义观点，逐步形成正确的世界观。

（2）实事求是思想路线的教育

实事求是，是马克思主义的精髓。中国共产党的实事求是、解放思想、与时俱进的思想路线是马克思主义世界观和方法论的集中体现，是党的全部活动的指南。在思想政治教育内容中，对人们进行实事求是思想路线的教育，能够培养科学的思想方法和工作方法，加深对科学社会主义理论的理解，增强执行党的基本路线、纲领和政策的自觉性，加速形成科学的马克思主义世界观。

（3）马克思主义认识路线的教育

马克思主义哲学把实践观点引入认识论，不仅科学地揭示了人类认识和思维发展的规律，同时也揭示了人类在认识世界和改造世界的过程中，不断从必然向自由发展的规律。人类认识运动是沿着主观和客观、认识和实践、主体和客体的基本矛盾展开的。认识过程实质上就是在主体改造客体的实践过程中，克服主观和客观、认识和实践、主体和客体的对立，达到两者的统一的过程。

（4）科学方法论的教育

任何事物都是物质世界的一个组成部分，都遵循从量变到质变、从低级到高级的程序螺旋上升发展，而发展的根本原因在于事物的矛盾运动。对于这些问题的正确认识，是区别辩证法与形而上学的实质所在。马克思主义哲学是世界观与方法论的统一。它既是对世界本来面目的如实反映，又是客观地证实现实世界是辩证存在和发展的。因此，彻底的唯物主义就应当同时也是辩证的。在思想政治教育活动中，对教育对象进行唯物辩证法的科学方法论教育，能促使教育对象坚持辩证的方法论，自觉地运用唯物辩证法的观点和方法来认识世界、改造世界，分析和解决问题，从而促进科学世界观的形成。世界观决定方法论，辩证唯物主义世界观总是与唯物辩证法相联系的，而唯心主义世界观则与形而上学相结合。开展科学方法论教育，能够影响和促进人们树立正确的世界观。马克思主义世界观为社会成员指明了政治方向，提供了科学的世界观和方法论，可使社会成员更好地服务于社会主义建设。

2. 人生观教育

人生观是世界观的重要组成部分，是人们在实践中形成的对于人生目的和意义的根本看法，它决定着人们实践活动的目标、人生道路选择的方向和对待生活的态度。人生观是对人生的根本观点，就是人们对于人生的根本意义、目的、价值和人生道路等重大问题的总的看法和根本的态度。

人们在漫长的人生历程中，总会遇上很多人生问题。自古以来，人为什么而活、生命的意义和价值是什么、应怎样评价和创造人生价值，对这些问题的不同回答，形成人们不同的人生观。所以，人生观就是人们关于人生目的和意义的根本看法和根本态度。它的具体内容包括生死观、苦乐观、公私观、幸福观、荣辱观等。

马克思主义的科学人生观继承了历史上一切进步人生观的积极因素，是对历史发展的必然结果的科学认识。它把实现共产主义、为绝大多数人谋利益看作人生的崇高目的和最大幸福。在具有共产主义人生观的人看来，把自己的一生献给人类的解放事业，人生才有真正的意义。

因此，这种人生观要求人们全心全意为人民服务，为实现共产主义而奋斗终身。

“为人民服务”是马克思主义人生观的核心和精髓。在我国社会主义初级阶段，共产主义人生观是最高的人生观层次，它提倡的是为人民服务的人生观。

这种人生观是与社会主义事业紧密联系在一起的，以为人民服务为宗旨，把握人生的意义，培养积极的人生态度，在履行人生责任中创造人生的价值。在社会主义市场经济条件下，要坚持为人民服务的人生观教育，引导人们形成为人民服务的人生观。为人民服务的人生观主要内容有以下四个方面：

（1）人生理想的教育

理想是与奋斗目标相联系的有实现可能的信念。人生理想是人们在规划自己的生命活动中，建立在现实基础上的、符合客观规律的、经过奋斗能够实现的关于人生奋斗目标的想象。人生理想按内容可以分为社会理想、道德理想、职业理想和生活理想。其中，社会理想是最高层次的、起支配作用的理想。人生理想是人生观的灵魂，是人生精神生活的支柱。科学的社会理想，是人生道路上战胜各种艰难险阻、实现伟大历史变革的正确航向和巨大动力。实现共产主义是我们最高的社会理想。建设中国特色社会主义是现阶段的共同理想，它集中体现了我国各族人民的根本利益和愿望。进行理想教育主要是引导和帮助教育对象确立建设中国特色社会主义的共同理想。同时，还要进行社会道德理想、职业理想和生活理想的教育。

（2）人生价值的教育

人生价值是指人的生命活动对社会的延续和发展所具有的意义和作用。人生价值包括两个方面：一方面是个人对社会的责任和贡献；另一方面是社会对个人的尊重和满足。如何追求和实现人生价值，是人生观的一个重要问题。人生价值关系中的两重性表现为贡献和索取的有机统一，是个人对社会的贡献和创造与社会对个人的尊重和满足的有机统一。认识人生的价值，价值主体要超越对他人和社会的索取，追求对他人和社会的贡献。人生价值首先在于劳动和创造，一个人为他人、为社会创造的价值越多，他的人生价值就越高，人生也越有意义。人生价值的教育，实质上是引导和帮助人们正确认识和处理个人与社会、贡献与索取的关系问题。

（3）人生态度的教育

人生态度是人生观的重要组成部分，具体是指人们在一定环境的影响和作用下，经过自我生活的体验，所形成的关于人生问题的较稳定的心理倾向及其表现。在思想政治教育中，人生态度的教育主要是进行革命乐观主义教育、艰苦创业教育、勤劳致富教育、挫折和生存教育等。通过这些教育，引导和帮助教育对象以积极进取的人生态度去对待人生道路上的苦与乐、荣与辱、生存与发展等问题。

（4）人生道路的教育

人生道路是指人们在度过自己一生的生命历程中所走的道路。每一个人都有自己选择的人生道路，只有把为人民服务作为一生的追求，才会使自己身后留下闪光的人生足迹。人生道路是人们所处的一定历史条件和社会关系的产物，是人们社会的物质生活条件的深刻反映。在改革开放与现代化建设的新时期，正确的人生道路是坚持与实践相结合、与人民群众相结合，从人民群众身上汲取丰富的营养与智慧，为祖国的富强、人民的幸福贡献自己毕生的精力。

3. 价值观教育

（1）价值观

价值是一种关系范畴，它所体现的是主体人的需要与客体物满足这种需要之间的关系。在价值关系中，客体或曰“外界”所包含的内容是不相同的，在思想政治教育中，人的思想政治品德符合社会的规范、人的全面发展的要求，就是有价值的。对人的思想政治品德从价值上进行评价，实际上是思想政治教育评价的过程。所谓价值观是指人们在对周围事物能否满足个人或社会某种需要进行评判时所持的观点。不同的阶级有不同的价值观。

（2）价值观教育要引导人们形成集体主义价值观

从价值观的类型进行分析，可以分成集体主义价值观和个人主义价值观，这是两种根本对立的价值观。

集体主义价值观的基本特征是集体利益高于个人利益，在个人利益与集体利益发生矛盾时，个人利益服从集体利益。马克思主义对集体的理解是建立在集体与个人关系辩证统一的基础上的。集体主义价值观所强调的集体利益高于个人利益，并不排斥、否定个人的正当利益。实质上，集体主义价值观是一种以人民群众为价值主体的价值观，它要求人的思想行为必须以合乎最广大人民群众的最大利益、为最广大人民群众所拥护为标准，并以此来正确地处理个人利益与人民利益、眼前利益与长远利益、局部利益与全局利益的关系。

与集体主义价值观根本对立的是个人主义价值观。这种价值观在处理个人与他人的关系时，主张以个人为中心、以个人利益为出发点、以个人幸福为最终目的，并以此为价值标准，为评价思想是非、行为善恶的最高价值尺度。这种价值观所倡导的个人主义与利己主义是相联系的。

在社会主义市场经济条件下，思想政治教育的重要任务是，坚持集体主义价值观的教育，发展和完善集体主义价值观，反对个人主义价值观。

（3）人民利益高于一切的价值观教育

人民群众是物质文明、政治文明、精神文明的创造者，是推动社会进步与历史发展的根本动力，是社会主义社会和国家的主体，当然也应是价值关系的主体。人民利益高于一切，以人民利益为最高价值主体，以此判断个人与社会相互关系的意义，才能正确把握价值目标，进行价值选择和价值评价。

第一，坚持自我价值和社会价值的统一。人的价值包括人的自我价值和人的社会价值两个方面。前者是社会对个人的尊重和满足，即个人对社会的正当索取；后者是个人对社会的责任和贡献，两者是辩证统一的。统一的基础是创造和贡献。因此，实现自我价值与服务于祖国人民是统一的，个人的抱负只有同时代和人民的要求结合起来，用自己的知识和才能为人民、为国家服务，才能使自我价值得到充分的实现。任何把自我价值与社会价值对立起来的认识都是片面的，这只能产生错误的人生价值导向。

第二，坚持艰苦创业和追求正当享受的统一。马克思主义认为，人的本性是追求正当的享受，人们奋斗的一切都直接或间接地同追求正当的享受有关。但是正当的享受总是受生产方式和其他社会因素制约的，而创业作为一种手段，为人们追求正当的享受提供物质基础和精神食粮；人们在得到一定的物质和精神享受后，反过来又为再创业提供动力源泉。从这个意义上说，一个人追求正当享受的满足程度是与艰苦创业成正比的，这种价值选择与社会思想政治教育规范是相一致的。

第三，坚持义与利的统一。义利统一是中华民族的优良传统。义产生利，义是手段，利是目的，义与利是统一的。在改革开放、发展市场经济的新形势下，人们从事任何社会活动，都要把义放在首位，以义引利、见利思义，正确处理个人利益与集体利益的关系、局部利益与整体利益的关系、眼前利益与长远利益的关系。如果在价值取向和价值评价中，只讲利、不讲义，重利轻义、见利忘义，就会导致唯利是图、私利膨胀，产生人生误导；如果只讲义、不讲利，也会出现空头政治，无法调动人们的积极性，社会就不能发展，义也无所依托，同样是片面的人生误导，不利于社会形成正确的价值导向。所以，价值导向与价值取向必然是义与利的统一。

4. 世界观、人生观、价值观三者教育的内在统一

世界观、人生观、价值观三者之间是内在统一的，因而，三者的教育也是相互联系的。

(1) 世界观的教育具有决定意义

世界观教育是人生观、价值观教育的基础，因为世界观给予人生观、价值观以一般的观点和方法论的指导。人们对人生的认识要以对世界的认识为前提，人

只有首先搞清楚人是从哪里来的以及人与他人、与客观世界的关系，才能确立价值取向的标准，正确处理生死、荣辱、苦乐等各种关系问题。故而，树立正确的人生观和价值观，从根本上说，就必须首先树立正确的世界观。没有正确的世界观，就不可能树立正确的人生观和价值观。

（2）人生观、价值观的教育能促进世界观的形成

人生观、价值观是世界观的反映，同时影响世界观。人类在社会实践中，不断加深了对人自身的认识，培养了适应社会的生存能力，掌握了与他人相处的本领。这些人生经验的积累尽管是零碎的、不系统的，但会影响人们对世界本原的认识。正确的人生观、价值观能够促进形成正确的世界观。

（3）世界观、人生观、价值观的形成具有同步性

世界观、人生观、价值观三者之间是相互作用、相互影响的，但是三者形成的流程与表现的形态是不相同的。由于每个人所处的环境不同，认识与理解能力的差异，因而，不同人的世界观、人生观、价值观形成的时间、成熟的程度呈现出一定的差异性，对人们的世界观、人生观、价值观的教育具有多端性。比如，在青少年中可以人生观、价值观教育为开端；在干部中则可以世界观教育为主。这种教育的多端性，表现在教育内容的选择与安排上可以分层次、有针对性地进行，以便因人施教，达到最佳的教育效果。

（二）爱国主义、集体主义、社会主义教育

爱国主义、集体主义、社会主义教育是思想政治教育的主旋律。它集中体现着精神文明的性质和方向，对社会经济、政治、文化的发展具有巨大的能动作用。它是思想政治教育的基本任务，目的是引导人们树立建设中国特色社会主义的共同理想和信念。它是世界观、人生观、价值观教育在政治观、道德观、法治观上的具体展现。这方面的教育在整个思想政治教育中居于主导地位，起着主导作用。

1. 爱国主义教育

爱国主义是一个历史范畴，在社会发展的不同历史阶段具有不同的内容。在当代中国，爱国主义体现人民群众对自己祖国的一种深厚感情和崇高精神。它是同促进历史发展、维护国家独立和广大人民的根本利益密切联系在一起的。爱国

主义与社会主义本质上是一致的，爱党、爱国、爱社会主义是统一而紧密联系的整体。在改革开放与现代化建设的新时期，建设中国特色社会主义是爱国主义的必由之路，是爱国主义传统内容的深化，是新时期爱国主义的集中表现，是时代赋予爱国主义教育内容的鲜明主题。爱国主义与集体主义教育的内容是相通的。在热爱祖国的大前提下，还应进行热爱家乡、热爱自己的单位的教育，这样才有利于把爱国主义教育的内容具体化、进一步落到实处。

爱国主义是民族精神的核心，开展爱国主义教育要把民族精神与时代精神相结合。具体内容有中华民族悠久历史教育，弘扬优秀传统文化教育，国情教育，民族自尊心、自信心、自豪感教育，勤俭建国、艰苦创业教育，国防教育和国家安全教育，民族团结、祖国统一教育等。

2. **集体主义教育**

集体是指相对于个人而言的社会组织。集体主义则是指一切言论行动以合乎广大人民群众的集体利益为最高标准的思想，它是共产主义思想政治教育的基本原则。它应当包含三层含义：一是从工人阶级和人民的根本利益出发，坚持集体利益高于个人利益的原则；二是在保证集体利益的前提下，把集体利益和个人利益结合起来；三是当集体利益与个人利益发生矛盾时，个人利益要服从集体利益。进行集体主义思想教育就是要求人们树立人民利益高于一切的思想意识，以此作为衡量自己言论与行为的最终评判标准。一个坚定的集体主义者必然是一个坚定的爱国主义者、社会主义者。

集体主义思想教育的内容有：公私观教育，国家、集体、个人利益三者的“结合”“统一”“兼顾”的教育，个人正当利益与勤劳致富、共同致富的教育，热爱集体、乐于奉献精神的教育，集体意识、集体荣誉感教育等。通过这些教育，发扬集体主义思想，引导教育对象正确处理国家、集体、个人利益的关系，做一个坚定的集体主义者。

3. **社会主义教育**

马克思主义的诞生，使社会主义从空想变成科学。科学社会主义经历了从理论到实践、从一国到多国实践的胜利发展。这个事实说明，社会主义代替资本主义是人类历史发展不可逆转的发展趋势。只有社会主义才能发展中国，这是中国人民从中华人民共和国成立后的社会主义建设实践中得出的正确结论，社会主义制度比资本主义制度具有更大的优越性。因而，进行社会主义思想教育，就是要引导和帮助教育对象确立建设中国特色的社会主义的共同理想，推进改革开放和社会主义现代化建设事业，全面建成小康社会，实现中华民族伟大复兴。

4. 坚持爱国主义、集体主义、社会主义思想教育的有机统一

爱国主义、集体主义、社会主义三者在本质上是一致的，是我国社会主义初级阶段的思想政治教育的主旋律，是以为人民服务为核心，以培育“四有”新人、提高全民族思想政治教育素质为目的，最终统一于建设中国特色的社会主义目标。三者教育的内容有机地结合在一起，互相渗透、不可分割。

（三）社会公德、职业道德、家庭美德教育

任何社会的经济活动都同时也是人的一种思想政治教育活动。要建立和完善社会主义市场经济体制，除了要使我国的市场经济体制建立在社会主义基本经济、政治制度的基础之上，还必须开展社会公德、职业道德、家庭美德的教育。

1. 社会公德教育

社会公德是指在一定社会生活中，为了维持社会的正常生活秩序，全体社会成员应当遵守的一些最基本、最起码的公共生活准则，也是评价社会成员文明行为的基本尺度。因而，一个国家或地区的社会公德面貌，直接反映了一个国家和地区的人民思想政治教育文明水平。一个社会的精神文明建设，又必须从全民的公德教育着手。

社会公德的教育主要内容有：遵守公共秩序、爱护公共财物的教育；保持环境卫生，净化、绿化、美化环境的教育；团结友爱、助人为乐的教育；尊老爱幼、尊重妇女和残疾人的教育；见义勇为、敢于同坏人坏事做斗争的教育；文明节俭、热心公益活动的教育等。通过这些内容的教育，提高教育对象的文明素质，转变社会风尚，推进社会主义精神文明建设。

2. 职业道德教育

在现代社会中，职业分工越来越细，各行各业的相互利益关系日益密切，需要经常协调和约束。职业道德教育从自身职业的特点出发，确立具有本职业特征

的道德教育准则和规范，以此调节和约束职业行为，促进行业文明新风的形成，提高全社会的思想政治教育水平。开展职业道德教育，大力倡导爱岗敬业、诚实守信、办事公道、服务群众、奉献社会的职业道德教育。要结合各行各业的职业特点，遵循“为人民服务、对社会负责”的宗旨，具体制定本行业的职业道德教育规范，以此作为本行业人员职业道德教育的内容，增强其职业道德素质。社会的各行各业都应制定职业道德教育规范，开展职业道德教育，规范职业行为，提高社会的职业服务水平。

3. 家庭美德教育

家庭是社会的细胞，是人类社会生活的基础组织形式。它不仅是人们生存与发展的最基本环境，而且是个人走向社会的桥梁。每个人都出生在一定的家庭，并走向社会组建新的家庭。正是在家庭内部，首先开始培育人的社会化，因而家庭美德教育能使人懂得做人的基本道理和社会责任。父母是子女的第一位教育者，所以家庭既是人们美德教育的摇篮，又是思想政治教育实践的重要领域。

全面加强家庭美德教育，应当大力倡导尊老爱幼、男女平等、夫妻和睦、勤俭持家、邻里团结的家庭美德。这些就是家庭美德教育的内容。当前，大力开展家庭美德教育，对于保证广大人民生活幸福、提高家庭生活的质量、促进社会文明健康发展具有重要的现实意义。

4. 社会公德、职业道德、家庭美德教育相结合

思想政治教育是一个完整的体系。社会公德、职业道德、家庭美德教育是思想政治教育的基础性工程。社会公德、职业道德、家庭美德教育搞好了，全社会思想政治教育就有了扎实的基础。但同时，在全社会还要进行社会主义人道主义的教育，其核心是尊重人、关心人，维护和提高人的权利、价值和尊严，促进人的全面发展。其实，社会主义人道主义的教育是贯穿在社会公德、职业道德、家庭美德教育之中的。社会主义人道主义也是人们在处理社会公共生活、职业生活、家庭生活中人与人之间关系应当普遍遵守的一项道德规范。加强社会主义人道主义教育能促进和提高社会公德、职业道德、家庭美德教育的水平，增强思想政治教育的效果。

社会公德、职业道德、家庭美德教育是思想政治教育的重要组成部分。在进

行“三德”教育的同时，还要对人们进行以为人民服务为核心、以集体主义为原则、以“五爱”为基本要求的社会主义道德教育，并在全社会提倡大公无私、先人后己的共产主义道德风尚。

在思想政治教育中，我们应当从社会主义初级阶段的实际出发，针对不同对象，提出不同的思想政治教育要求。对共产党员、先进分子特别是领导干部要坚持先进性和高标准的思想政治教育要求，对广大群众应注重基础性和广泛性的思想政治教育要求，充分体现思想政治教育建设中先进性要求与广泛性要求、导向性与现实性的有机统一。

（四）法治教育

社会主义法治教育是思想政治教育的重要组成部分。法治和德治属于治理国家的两种不同的社会调节手段。法治教育的主要内容有以下四方面：

1. 法律意识教育

法律意识是人们关于法律现象的观点、思想、心理和知识的总称。它主要包括人们关于法律现象的各种学说，对法本质和作用的看法，对现行法律的理解、解释和评价，对自己和他人权利、义务的认识和对人们的行为是否合法的评判，对法律的情感知识等。法律意识是一种特殊的社会现象，它随着国家和法的产生而产生，以社会客观法律现象为其特定的反映客体。

2. 法治意识教育

公民是国家的主人，为保护公民的民主权利，首先要维护国家的根本利益，增强主人翁的责任感。市场经济是法治经济，在公民社会中，法权高于一切，政治的权威、经济的权威、人格的权威等都置于法权之下。以尊重和保护社会成员基本权利为前提的法治原则是社会生活的最基本原则。法治所强调的是公民主权、个人平等的基本自由权利与尊严，法律面前人人平等，甚至国家也必须服从法律，依法办事。所以公民教育要加强的是法治意识的培养，而不仅仅是法律、法规条款的灌输。

3. 权利和义务意识教育

权利意识是指特定社会成员对自我利益和自由的认知、主张和要求，以及对他人的认知、主张、要求、利益和自由的社会评价。公民权利意识是作为社会主体应有的意识，只有那些最大限度地引导、启发和满足这种权利意识的社会，才是一个合理的现代社会。公民权利意识的提高不仅有利于公民主体意识的增强，维护人的尊严，追求个人自由和个性解放，而且有利于培养公民的政治责任感，从而积极参与国家管理和社会生活，充分发挥其主动性和创造性。

而权利与义务是相依相存的，无权利的义务和无义务的权利，都是不完全的，权利源于义务，是义务换来的，非尽义务就不能拥有权利，无义务的权利是不存在的。公民教育就是要大力培育人的权利主体意识及其捍卫自身权利的行动能力，以及勇于承担义务、责任的意识和能力。其指导思想应是公民权利、义务和责任的有机统一，因为公民意识的核心内容之一，就是公民权利、义务与责任相统一的意识。

4. **法制观念教育**

法制观念与人们的文化素质有关。加强法制重要的是要进行教育，根本问题是教育人。法治教育要从娃娃开始，小学、中学、大学都要进行这个教育，社会上也要进行这个教育。要保证法律的严格遵循，必须使每一个公民都增强法制观念，自觉地学法、守法。社会主义法制更应当建立在人民自觉遵守、执行和维护法律的基础上，而社会成员法制观念的提高则是提高全体人民法制观念的关键。具体的要求如下：

（1）知法

知法是增强法制观念的基础。社会成员要努力学好宪法和法律知识。首先，努力学习社会主义法律体系构成的七个方面的法律知识。这七个方面的法律知识中，宪法是社会主义法律体系的基础，其他法律有民法典、经济法、行政法、刑法、诉讼法、社会法。其次，学习省、自治区、直辖市制定的法律、法规。最后，学习政府相关部门制定的法律、法规，比如教育法等。

（2）守法

守法主要是指依法办事，自己不去做违法的事。社会成员守法的范围，主要是指宪法、法律、行政法规，中华人民共和国中央军事委员会制定的法规、地方性法规、部门法规、地方政府规章、国际条约、国际惯例。守法要有依法办事的法律意识，它是指增强法制观念的思想和心理基础，也是提高法律素质的保证。

（3）维法

维法是指当别人违法时，自己积极与之做斗争，维护法律的尊严和权威。维法相对知法、守法来说，对社会成员的法制观念的要求较高，它除了要与违法现象做斗争外，还要与犯罪分子的违法犯罪行为做斗争，敢于揭露犯罪分子的违法犯罪行为，也敢于与破坏国家财产和人身安全的犯罪行为做斗争。维法，需要见义勇为的精神，当然也要善于运用智慧使斗争取得胜利。

知法、守法、维法是相互联系的，是合格公民的基本要求。社会成员更要带头学好宪法和法律知识，模范遵守宪法和法律，提高法制观念和依法办事的能力，促进我国社会主义法制的建设。

第二节　思想政治教育内容的新拓展

思想政治教育活动是历史的产物，是随着历史的发展而发展的。同时，随着社会主义改革开放和市场经济的不断深入和发展，要加强这方面的研究，凡是对我国经济和社会发展有积极作用的外来文化，特别是先进的科学技术，具有普遍适用性的经济管理和其他管理经验，先进的教育思想和教育方法，优秀的文学艺术、文化思想以及文明健康的生活方式与生活习惯等，都应该积极地予以吸收。

现代社会的发展使人们的生产活动和生活实践活动中出现了许多新的领域，如科技领域、网络领域、生态领域等，由此也出现了许多新的人际关系和社会问题，如人与科技的关系问题、人与自然的关系问题、人与网络的关系问题等，需要人们正确处理。这些新的思想政治道德要求是社会发展对人们提出的新要求，也是作为一个现代人应当具备的现代素质，应当自觉地予以培养。

一、网络思想政治教育

近年来，随着信息技术的迅猛发展，为思想政治教育提供了一个新领域。信息网络技术的发展，提供了现代化的手段，拓展了空间和渠道。互联网的开放性、信息的流动性，不再受时空的限制。网络具有方便快捷、信息量大、覆盖面广的特点。然而，网络也是一把双刃剑，它可以促进社会发展，但也存在不少问题。随着网络社会的迅速发展和人们对网络认识的日趋成熟，人们对开展网络思想政治教育的呼声也日益增强。因此，每一位社会成员都应当自觉培养自己的网络思想政治道德意识，遵守网络规范。网络思想政治教育是人们在处理与网络的关系时应当遵守的思想政治教育观念和行为准则。

（一）加强网络思想政治教育

网络社会的最显著的特征之一便是它的虚拟性，但是，虚拟并不等于不存在，而只是以一种虚拟的形式表现出来的另一种存在形式。透过虚拟的网络屏幕，与我们所链接、所交往的仍然是现实生活中一个个真实的人。从这个意义上说，网络社会不过是人们现实社会的拓展，网络社会关系是人们现实社会关系的延伸。在思想政治教育工作的内容中，我们必须重视互联网政治功能的研究这一新增加的时代内容，必须对传统的思想政治教育工作思路、方式方法进行改进，以适应数字化时代互联网飞速发展这一趋势。要加快思想政治教育工作进网络的步伐，增强对互联网的控制力和对有害信息的屏蔽能力，保证先进思想文化在网络上占据主导地位，扩大覆盖面，增强影响力，在网络上巩固社会主义主流意识阵地。同时，更为重要的是，思想政治教育工作者要培养人们敏锐而正确的文化判断能力。

（二）遵守网络道德规范

网络生活中的道德要求，是人们在网络生活中为了维护正常的网络公共秩序需要共同遵守的基本道德准则，是社会公德在网络空间的运用和扩展。因特网是人们自主自愿相互链接而建立起来的世界，在网络社会中，人们摆脱了现实社会中的种种束缚和顾虑，畅所欲言地表达着个人的思想、意志和情感。接受网络社会的思想政治教育与接受现实社会的思想政治教育的最大不同点在于思想政治教育主体的自觉性，网络社会的思想政治教育主要依赖于网络主体自身的思想政治教育要求和约束，即思想政治教育自律而实现的。面对全时空、无边界、虚拟自由的网络天地，正确认识“可能”与“应该”之间的关系，有助于我们自觉遵守网络思想政治道德。网络犹如给人添上了一对翅膀，任人自由飞翔，使现实生活中的诸多不可能成为可能，但是，“可能”不等于“应该”。例如，借助网络技术，可以做到私自解密，进入他人的计算机系统，得到他人的信息，但这并不等于应该窃取他人信息。在网络生活中，个体的道德自律是维护网络道德规范的基本保障，每个社会成员应该培养自觉的道德意识，充分展现良好的人格，共同建设一个健康美好的网络世界。

（三）遵守网络法律规定

为了保护人们的正当权益，在网络中也必须建立规范。规范是人们获得正当权益乃至自由的保证，规范的限制恰恰是为了保证人们能获得更大的自由，限制损害他人正当权益的行为。在网络社会中，我们必须遵循各种网络规范，要完善互联网的法律制度规定，增强网络法律意识，对利用互联网实施各种违法行为的人，要依法追究相关责任。

二、科技思想政治教育

科学技术的日新月异，极大地推动了社会的发展进步。严峻的现实使人们警醒，一个严肃的问题不容回避地摆在了世人的面前：科学技术是一把双刃剑，正确利用可以造福人类，而错误使用则足以毁灭人类，为善为恶关系到整个人类社会的生存。科技思想政治教育便在这样一种背景下应运而生。所谓科技思想政治教育指的是人在处理与科学技术的关系时应遵循的思想政治道德观念和准则。在科学技术获得高度发展的今天，进行科技思想政治教育显得尤为重要。

（一）正确处理人与科学技术的关系

人类进入近代工业文明社会之后，近代科学技术有了迅猛的发展，人类取得了一系列重大成果。在宏观领域，社会系统、经济系统、人脑和生命系统、网络系统等方面的研究和应用，对经济、社会和人类自身发展产生了重大影响。

现代科学技术以它神奇的力量，极大地促进了人类社会经济的发展、人民生活水平的提高和综合国力的增强。知识就是力量、科学技术是第一生产力的观点日益深入人心。但同时，也使一些人产生了科学技术崇拜过度、唯科学主义的倾向。如在唯科学主义思想的影响下，人们关注的是“何以为生”的工具理性，而将“为何而生”的价值理性忽略或排斥在外，其结果导致的是人的精神家国的迷失、人文关怀的淡薄、行为方式的失范。这些现象的出现，不能不引起人们的反思并予以纠正。应当看到，在人与科学技术的关系中，人始终是主体，是目的；科学技术是手段，是工具。人掌握科学技术，是为了运用它为人类发展服务，而不能反客为主，使人丧失了主体性，成为科学技术的奴隶，被其所异化。

（二）运用科学技术为造福人类与促进社会发展服务

科学技术是工具，运用得好可以造福人类，运用不当则会损害人类。因此，对掌握和运用科学技术的人来说，就必须有应用科学技术的社会责任感。科学技术的应用不能违背人类的共同利益和社会发展的要求，应当运用科学技术为造福人类和促进社会发展服务。倘若缺乏或漠视这一点，则将导致难以估量的社会危机。

（三）追求真与善的完美结合

科学讲究的是真，它揭示的是客观事物内在的联系、本质和规律，它反映的是人们对客观现实的实然性的认识，求真、唯实是科学的核心，我们可以把“真”理解为合规律性。思想政治教育讲究的是善，它倡导的是人类对自身的认识、发展与完善，它反映的是人们对客观现实的应然性要求，向上向善是思想政治教育的核心，我们可以把“善”理解为合目的性。人类的一切实践活动都应当是合目的性与合规律性的有机统一，是真与善的完美结合。因此，科学技术在讲究真的同时，必须与思想政治教育的善相结合，两者相辅相成、良性互动，使之真正成为推动人类进步、社会发展的“车之两轮，鸟之两翼”。这就要求我们应当注重自身素质的全面提高，在努力提升科学素养的同时，提升人文素养；按科学精神的要求，培养自己具有追求真理、崇尚理性、实事求是、无私奉献、团结协作、民主平等、开拓创新等品质；按人文精神的要求，培养自己具有追求崇高与完美、公平公正、尊重人的价值尊严、关注人的心灵信仰、关心人类命运前途、富有社会责任感、向上向善等品质，使自己获得全面、平衡的发展，争取为人类、为社会做出更大的贡献。

三、生态思想政治教育

当我们全方位地审视现代人的生活状态时，看到的却是这样一番充满矛盾的情景：一方面，现代人的生存质量较前人有了极大的提高，如便捷的交通，宽敞的住房，丰富的食品，多彩的服饰，人类的平均寿命逐年延长；另一方面，现代人正面临着严峻的生态环境恶化，人口过剩，大气污染，水流变质，土地沙化，动物种群减少甚至灭绝。“全球变暖”“臭氧层空洞”“酸雨沉降”已成为三大全球性环境问题。由生态环境恶化引发的生态问题严重地影响了地球和人类的生存与发展。面对这一现状，近年来人们对生态环境保护的呼声日益强烈，生态思想政治教育作为一种全新的思想政治教育也随之进入了人们的视野和生活。所谓生态思想政治教育是指人类在处理同自然环境的关系时应遵守的思想政治道德观念和准则。它倡导的是人与自然相互依存、和睦相处、共同进化的生态思想政治道德观，引导人们为了人类的长远利益、整体利益、根本利益，自觉养成热爱环境、保护环境、建设环境的思想政治品德和行为习惯。因此，人们要解决生态思想政治道德问题，首先要解决对待自然环境的态度问题，树立生态思想政治道德意识。这是每个社会成员都应当具备的思想政治道德素质。

（一）自然是人类赖以生存与发展的家园

人类的生存发展首先依赖的是自然环境。其一，自然环境养育了人的生物生命。早在35亿年前，在适宜的水温、气候和雷电等自然因素的综合作用下，地球上诞生了神奇的生命。从此，生物生命在与环境的相互作用下逐渐演变，直至出现了人类的先祖古猿。古猿为了生存，在适应环境和劳动的过程中，身体结构和生活习惯不断发生变化，最终发展成能够直立行走、具有语言意识、会使用劳动工具的人，因而可以说人是自然的产物。其二，自然环境滋养了人类的精神生命。高山的险峻、大海的壮丽、四季的神奇变化，潜移默化、润物无声，陶冶着人的心灵性情，给人以情感的寄托、美的享受和无限的遐想，极大地丰富了人类的心灵世界。其三，自然界为人类提供了不断发展所需的必要资源。没有自然环境提供的生产资料和生活资料，人类便无法生存与发展。人与自然所具有的这一内在联系，决定了人类必须保护自然、尊重自然。任何破坏损害自然的行为最终必将损害人类自己，保护自然就是保护人类。

（二）人与自然应和谐相处

在现代工业发展的过程中，人类对大自然进行了无限制的过度开发和索取，在改造自然的同时也在破坏自然，从而引发了一系列环境问题的产生。这迫使人类重新反思自己的行为，逐渐认识到人类和自然环境是一个整体，应和谐共处、协调发展。我国将科教兴国和可持续发展作为国家发展的基本战略，并在推进生态环境建设，实行退耕还林、还草、还湖和“绿化祖国”等方面采取了一系列积极有效的措施。生态思想政治道德要求人类将爱的原则扩展到人与自然的关系中去，使人与自然和谐相处、共同发展。在生态思想政治教育观的指导下我们应当做到以下三点：

1. **要热爱自然和保护自然**

它首先要求人要热爱自然，热爱自然才会做到保护自然，严禁对树木乱砍滥伐，严禁对动物肆意捕杀。为了人类的长远利益、整体利益和根本利益，为了子孙后代的生存与发展，生态思想政治教育引导人们树立全局观念、整体观念、可持续发展观念，自觉养成保护环境的良好行为习惯，共同营造一个富有、洁净、美丽、充满生机的良好生态环境。

2. **要珍惜自然资源**

自然资源是指在一定的时空条件下，能够产生经济价值的自然环境因素的一部分，它构成人类生产过程中必不可少的物质基础。大自然虽然资源丰富，但它所内含的自然资源在一定的时空中却是有限的，许多宝贵的自然资源需要经历漫长的时光岁月的洗礼才能生成。人类的过度开采和利用会打破人与自然发展的平衡性，导致资源的不足与缺失，最终影响到人类的生存和发展。因而，开展生态思想政治教育可以促使人们养成珍惜资源、节约使用资源的良好习惯，节约一切可以节约的资源，反对和禁止浪费性生产与消费。

3. **要积极建设自然环境**

自然环境为人类的生存发展提供了生产资料和生活资料，但人与环境的关系不仅仅是利用与索取，还应当是建设和发展。人类在考虑规划如何利用开发环境的同时，要考虑和规划如何建设和发展环境，使人与自然共同进化。在建设环境方面，人类有许多事情可以做、需要做，如对受到破坏的生态系统的恢复重建（退耕还林、植树造林）；对野生动物、濒临绝种的动植物给予特殊的保护；建立生态环境监测预警系统，严格监控空气质量、水源质量；在城市建设中积极推行绿化建设，提高城市绿化率；在工业集中的区域，严格监控环境质量指标，严禁各种污染；尽可能地利用非天然资源和最大限度地减少环境负荷，实现向环境的零排放；等等。生态思想政治教育就是要引导人们坚持积极建设自然环境，与环境协调发展，共同进化。只有这样，才能获得人与自然环境的共存共荣和可持续发展。

第五章　思想政治教育的方法和途径

第一节　思想政治教育方法论

思想政治教育工作，要取得实效，离不开科学的方法。由于实践的需要和科学知识的发展，使得思想政治教育方法从一般工作方法中逐渐分化出来，成为一门专门的学科。

一、思想政治教育方法论的基本含义

（一）方法

一般来说，方法就是主体在认识世界和改造世界的过程中所采用的方式或手段。“认识方法”即主体在认识世界中所采用的方法，也称为“思想方法”。此外，主体的活动除了认识世界外，更为重要的是改造世界，那么，主体在改造世界中所采用的方法，就是工作方法，或称为行动方法。思想方法与工作方法是相互联系的，思想政治教育方法，即是教育者在对教育对象进行思想政治教育的过程中所采用的思想方法和工作方法。

（二）方法的特性

方法具有客观性。方法是主体实现目的的手段，是主体为了实现自己的主观目的而制定的。因此，从形式上来看，方法的选择是主观的。但必须注意的是，方法的存在具有客观性，不是可以任意设计的。这也是人们之所以对方法问题极为关注并且对其进行研究的一个重要原因。如何看待方法的客观性呢？事实上，人们的目的是客观世界所产生的，是以它为前提的。在主体的目的受到客观因素制约的前提下，为了实现主体的目的而制定的方法也就必然受到这种客观因素的制约，因此我们说方法是不以人的意志为转移的，它具有客观性。把握方法的客

观性是研究思想政治教育方法论必须首先把握的一个原则。

方法具有多样性。方法是主体认识与改造对象的手段，因此还受到主体意欲改造的客体的制约。由于对象的不同，所采取的方法必定不能千篇一律，因此客体的多样性决定了方法的多样性。

此外，方法还具有辩证性。首先，方法是不断发展变化的。随着时代的发展、社会的进步，主体认识与改造的对象必定也在变化。由于方法与对象相联系，因此方法也必然要针对对象的变化而有所发展变化。其次，各种方法之间不是孤立的，而是相互联系的。具体表现在：一是由于不同的对象既有个性，相互区别，又有相互联系，因此在方法上也不应彼此割裂，而是各种方法之间相互渗透、相互联结。例如，在各种交叉学科的研究中，常将自然科学与社会科学方法结合起来运用；二是各种不同层次的方法，联合成为一个既保存自己特点和功能，又相互结合的整体。唯物辩证法告诉我们，一般不能离开个别而存在，而个别又必须以一般为指导，各种不同层次的方法之间是个别、特殊和一般之间的关系，它们之间必然存在相互联系。

（三）思想政治教育方法论分析

方法论就是关于方法的学说或理论，“方法”是它的研究对象。方法的形成、变化和发展规律，方法的性质和作用，以及各种方法的特点、功能及相互关系等都属于方法论探讨的范围。思想政治教育方法论主要探讨人们如何通过掌握和应用思想政治教育的方法，取得最佳的教育效果的规律。首先，研究思想政治教育方法的形成、变化和发展的规律，必须以马克思主义理论为指导，着重总结和概括思想政治教育实践中的丰富经验。其次，确立思想政治教育方法的基本原则是由思想政治教育的目的和任务，以及人们思想活动发展的特点和规律所决定的。最后，对于思想政治教育的各种方法的研究，要注意既要探讨它们自己的特点和功能，又要注意从整体上去把握。

二、思想政治教育方法论的理论基础

任何方法都离不开哲学思想和理论的指导，思想政治教育作为一门实践性、应用性和操作性很强的学科，必须具有自己的理论基础和正确的理论指导。马克思主义哲学是马克思主义全部学说的基础，是指导人们进行科学研究的有力武器。思想政治教育方法论只有以马克思主义哲学为指导，才能坚持正确的方向。

哲学方法是与世界观密切联系着的，不存在单独的方法论。世界观亦称宇宙观，指人们对整个世界的总的看法和根本观点。方法论是人们认识世界和改造世界根本方法的理论。世界观是人们在社会生活和社会实践中形成的。方法论与世界观密不可分，有什么样的世界观就有什么样的方法论；反之，世界观如果不具体化为认识方法和工作方法，就不能体现出它的指导和改造世界的职能，也就失去了它的价值与实际意义。马克思主义哲学是科学的世界观，其方法论也就是真正科学的方法论。

马克思主义哲学，即辩证唯物主义和历史唯物主义，反映了自然界、社会和人类思维活动的最一般规律，是系统的、理论化的科学世界观和方法论。它揭示了社会发展的客观规律，是人们认识世界、改造世界的强大思想武器。它贯穿于思想政治教育全过程，指导人们形成正确的思想方法和工作方法，树立正确的世界观和人生观。掌握和运用辩证唯物主义和历史唯物主义的基本原理，无论对于我们正确认识人的思想特点和行为活动规律，以及正确认识思想政治教育实践活动的特点和规律，还是对于我们掌握、了解、分析和解决人们各种思想认识问题的科学方法来说都有重大的指导作用。

马克思主义哲学为认识和解决思想政治教育方法问题提供了科学的世界观。思想政治教育方法论只有以马克思主义哲学为指导，才能坚持正确的方向，成为真正的科学。由此，我们在研究思想政治教育方法论时，要坚持马克思主义哲学的指导，将方法问题提到世界观的高度上来认识，同时，又要注意把一般的哲学原理具体化为认识世界和改造世界的具体方法。需要指出的是，由于将世界观转化为具体方法的过程，是一个从理论到实践、从一般到个别的复杂过程。因此，现实中也不排除这种情况的出现，即世界观是正确的，但方法却错了。这就要求我们必须将理论与实践结合起来、将一般与个别结合起来，而不能将一般的规律到处乱套，却不考虑各个不同对象的特殊性，这样就会造成世界观与具体方法不一致的情况出现。所以，在研究思想政治教育方法论、探讨思想政治教育的各种方法时，既要坚持以马克思主义理论为指导，又要特别注意将理论和实际、一般和个别结合起来。

三、研究思想政治教育方法论的重要意义

做工作不能没有方法，就如同过河不能没有桥或船一样。方法是完成任务、实现预定目标的必不可少的手段。但是，只有正确的、科学的、与所要解决的任务相适应的方法才能引导人们完成任务，做好工作。如果在实施教育的过程中，对教育对象采取错误的方法，即便教育的目的、内容都正确，也难以取得预期的教育效果，甚至还会产生负效果，造成不良影响。所以，必须将对于方法的学习和研究放在重要的地位。

思想政治教育方法论在完成思想政治教育任务中具有不可取代的地位和重要作用，它以马克思列宁主义为指导，将党在长期思想政治教育实践活动中所创造的许多行之有效的方法，进一步加以总结、提炼，同时吸收和应用现代科学的成果以及相关学科的知识，形成一种完整体系，便于思想政治教育工作者依据这种方法论的指导，有计划、有步骤地进行工作。这种体系，符合人们思想活动发展的规律和特点，便于教育对象接受，能提高思想政治教育的实效性。因此，思想政治教育方法论绝不是可有可无的，而是非常重要的。正确的思想政治教育方法论是促进思想政治教育科学化的一个关键点。

第二节　思想政治教育实施方法与途径

一、思想政治教育实施方法

要达到思想政治教育的目的，实施教育是一个重要的环节。思想政治教育是一门科学，也是一门艺术，作为科学和艺术的有机统一，它不仅要有正确的理论基础和方针原则，而且要有适宜的工作方法使思想政治教育的内容和目标付诸实施，这样，才能够很好地发挥它的作用。我们不能用简单的口号去说服别人，必须用正确的观点、正确的理论进行分析，明辨是非，引导人民群众坚持走社会主义道路，坚定改革开放的信心。

（一）思想政治教育的基本方法

科学的方法是实现思想政治教育目的任务的重要手段。了解思想政治教育的基本方法，并在实践中加以运用，有助于更好地综合运用思想政治教育的各种实施方式，探索思想政治教育方法科学化的道路。

1. 正面说理

“摆事实、讲道理”是解决人们的思想认识问题的主要途径。正面说理即是通过阐述某种思想理论，利用令人信服的道理和生动的具体事实，通过正面引导，去说服人、教育人，以提高人们的思想政治觉悟的一种方法。需要运用马克思列宁主义以及其他科学理论的力量，对受教育者进行正面的说服教育，以理服人，引导受教育者提高自己的思想觉悟，促进各方面的进步。

正面说理要进行经常性的系统教育，通过马克思主义理论、理想信念、民主法制、社会主义、爱国主义、集体主义、形势政策等教育内容，从根本上帮助教育对象提高思想觉悟和政治素质，树立科学的世界观和人生观，自觉地为实现社会主义事业的当前和长远的目标而努力奋斗。

运用正面说理的方法要注意一些基本要求。一是以理服人。教育者所说的“理”必须是符合客观事实、客观规律的真理，指出事物的本质，这样才能保证教育对象对教育内容的“入脑、入心”，真正体现出这一方法的力量。因此正面说理必须实事求是、以理服人。二是有的放矢。思想政治教育的对象都是具有一定思维能力和思想水平的人，他们的社会经历、生活背景以及职业、地位等各不相同，这就决定了他们之间的思想观念和思维方式也存在差异。因此，正面说理要着眼于一般、着手于个别，因人而异，精雕细刻，做到一把钥匙开一把锁。三是讲究艺术。正面说理有多种可供选择的方式，比如，讲解、谈话、讨论、学习文件书籍报刊等，教育者要根据教育对象的特点、教育内容的要求，运用适合的、生动的、具体的方法进行说理，增强感染力和说服力。

2. 情感熏陶

情感是人对客观事物态度的反映，体现人对客观事物的好恶，对人的行为产生直接影响。情感熏陶就是通过多种形式、多种因素，影响教育对象的情感，进而提高其理性认识，培养健康情感的一种方法。个别谈心、家庭访问、业余活动、社会实践等都是运用情感熏陶的有效方法。

情感熏陶法是党的思想政治教育的优良传统。将思想政治教育的内容寓于情感之中，潜移默化地感化教育对象，体现了思想政治教育的渗透性。但必须指出的是，教育者要充分信任、尊重、理解教育对象，善于运用感化的工作艺术、沟通协调的交流方法，真情实意地向教育对象传递温暖和关怀，从而使教育对象受到感染，产生情感的交流与共鸣，通过移情效应，激起教育对象对党的热爱、对社会主义事业前途的信心，并转化成投入社会主义现代化建设的积极力量。

运用情感熏陶的方法，教育者首先要加强自身的修养，通过自己的人格、思想、作风的魅力去影响受教育者。在进行情感熏陶的过程中，绝不能用感情代替原则，要注意与正面说理相结合，根据教育对象的特点，以行育情、以境育情、以情育情，用自己的真情实感打开对方的心门，疏通思想渠道，达到陶冶情操的目的。

3. 榜样示范

榜样的力量是无穷的。在我国社会主义革命和建设的各个历史时期，都涌现出一大批先进典型，如董存瑞、黄继光、雷锋、张海迪等。这些先进典型成为群众学习的楷模，推动了千千万万先进人物的成长。榜样示范的方法是一种典型教育，以典型的人与事例来对教育对象开展教育，把抽象的说理变成生动的形象教育，将思想政治教育“实化”“具体化”，有利于引起教育对象的共鸣，便于教育对象进行学习、对照和仿效，进而提高思想认识。

唯物辩证法认为，客观事物的发展是不平衡的，有差别、有层次的。在现实生活中，客观存在着思想觉悟的高低，存在着先进与落后、好与差的差别。在我国社会主义建设的过程中，在各条战线上都涌现出许多先进典型。发现典型、宣传典型、树立典型、总结推广典型的经验，使教育对象学有榜样，充分发挥先进榜样的示范作用，是思想政治教育的重要任务之一。

在社会主义事业新的历史时期，思想政治教育要根据教育环境和教育对象的发展变化，不断调整方式方法，使之更富有时代感和可接受性。榜样示范可以通过同龄人教育同龄人的方法，触动广大青年的神经，起到很好的教育效果。但在进行榜样示范时要注意宣传典型，一定要实事求是。

4. 对比鉴别

正确的东西总是在同错误的东西做斗争的过程中发展起来的。真的、善的、美的东西总是在同假的、恶的、丑的东西相比较而存在、相斗争而发展的。对比鉴别的方法就是教育者帮助教育对象通过对两种及以上事物的异同（包括属性、特点、要素等）进行分析，对照鉴别，从而做出正确判断，实现提高人们思想认识的一种科学方法。

对比鉴别可分为两种方式：一是纵向比较，这是从时间上划分的，即对事物的过去和现在加以比较，了解事物变化和发展的规律，加深对事物的了解和认识，进而得出正确的结论，提高人们的思想觉悟；二是横向比较，这是从空间上划分的，即对处在不同空间的有一定联系的不同事物加以比较，了解其异同，加深对不同事物的本质的理解，从而提高人们的思想觉悟水平。运用对比鉴别的方法是为了看到成绩，找出差距，总结经验，激发积极性。无论是纵比还是横比，结果都要落实到这个目的上。在进行比较鉴别时要注意将两种方法有机地结合起来，同时注意，没有任何联系的对象之间是不能进行比较的。

俗话说："不怕不识货，就怕货比货。"对比是认识事物的矛盾的一个很重要的方法，有比较才能有鉴别，有鉴别才有提高，这是符合事物发展规律的。但是，对比鉴别应当是有分析地、客观地进行比较，要做出全面的、历史的、本质的分析，而不能仅仅从现象上比，不能只做简单的类比。要注意事物间的可比性问题，由于历史条件、思想基础、工作环境等的不同，在思想政治教育中有些问题具有可比性，而另一些则不可比。这就要求根据教育对象的思想特点的变化，随着时间、历史条件不同，科学地灵活运用对比方法，以得出更加正确的结论。

5. 实践锻炼

实践是人们树立科学的世界观、人生观和道德观，探索正确成长之路的必然途径。在思想政治教育中运用实践锻炼的方法，就是在教育者的指导下，有目的、有计划、有组织地引导教育对象积极参加各种有益的社会实践活动，使其在实践中受到锻炼和教育，促进优良品德和良好行为习惯的养成。

在实践锻炼中，教育对象得以接触和了解社会，开阔视野，增长见识，加强对马克思主义的直观理解，自觉提高执行党的方针政策的觉悟，同时在实践锻炼中可以发现自身存在的不足之处，从而有针对性地克服自身的各种思想障碍和不良的行为习惯，达到培养坚强的毅力和意志品质，实现良好思想作风和道德品质的“内化”。

实践锻炼是一种具体形象、生动活泼、容易为群众所接受的方法，使得教育对象在改造客观世界过程中改造主观世界，不断提高自身的思想政治觉悟和认识能力。实践锻炼的形式方法是多种多样的，例如，社会调研、参观访问、公益劳动、志愿者服务活动等。要注意根据教育内容的要求和教育对象的实际状况、特点，从实际出发，选择适当的实践锻炼的形式和方法。此外，在进行实践锻炼时，要有一定的规范、制度措施，使实践锻炼活动的开展有章可循，帮助教育对象提高实践的自觉性。

（二）思想政治教育的具体方法

实施思想政治教育是一个主观见之于客观的过程。在当今全球化、市场化、信息化的时代背景中，人们的思维方式、价值观念和行为方式发生了深刻变化，价值趋向呈现多元化，思想政治教育的环境与教育对象处在动态的变化发展之中，这就要求根据教育内容、教育对象、教育环境的客观实际采取恰当的具体方法，以增强针对性、实效性。故而，把握思想政治教育实施的具体方法，是圆满完成思想政治教育任务的重要保证。

1. 灌输

所谓灌输的方法，就是由外界向教育对象系统地、有目的地、有计划地传播某种思想理论体系的方法，也包括教育对象自身系统地学习某种思想理论体系（自我灌输）。这种方法重视学习和吸收科学理论，有助于先进思想和新鲜经验的传播、推广。

灌输的教育方法符合人们世界观形成和思想发展的规律，因为一个社会人的思想和世界观总是在外界的各种思想、理论的影响下变化发展的，而通过灌输，可以有意识、有目的地让先进的思想、理论起主要的影响作用，使社会主义、共产主义思想体系在教育对象的生活中起支配作用，从而引导教育对象的思想朝着健康正确的方向发展。灌输的主要内容应当涉及思想政治教育内容的各个方面的理论，包括马克思主义基础理论、四项基本原则、民主法制、理想信念、爱国主义、集体主义、社会主义等，应当根据不同教育对象以及不同的教育目的加以统筹安排。

运用灌输的方法要注意对其有正确的认识，避免陷入误区产生负效应。其一，“灌输”并非“注入式”教育。灌输具有输送、传送的本意，而非一种“强迫”获取知识的手段，要避免在教育中采取简单粗暴的“我说你听”的做法，压抑人性，导致教育对象的反感。其二，“灌输”不是一种必然的“授—受”关系。在灌输的过程中要重视教育对象主体的可接受性和能动性。其三，克服“灌输”内容的教条化和形式的单一化。在内容上，要注意灌输内容的开放性、发展性，紧密与社会、时代的发展变化相结合；在形式上，要注意多样化，结合教育对象、培养目标、教育内容的特点，采取灵活多样的形式。

2. 疏导

思想政治工作的基本原则是对人们进行教育工作、说服工作，而不是采取强制的、压服的办法和行政命令的办法。对人民群众中的思想问题、认识问题，我们要坚持疏导的方针，反对堵塞的方针。疏导，即疏通和引导、开导，就是要在思想政治教育中广开言路，让教育对象没有顾虑地敞开思想，表达出自己的观点和意见，同时要循循善诱，通过说服教育，将各种不同的思想和言论引向正确、健康的轨道。疏导的方法是我们党的思想政治教育工作的一贯方针，是我们党的优良传统之一。

疏导的方法与正确处理人民内部矛盾的理论是一致的。特别是在全球化、信息化、通信技术迅捷发展的今天，人们接收信息的渠道开放化、多样化，人们的思想认识也呈现多元化，尤其要注重采取疏导的方法，倾听各种不同的“声音”，让人们畅所欲言，将各自的思想、观点和意见都充分表达出来，在掌握教育对象思想情况的基础上，再加以引导、支持，肯定正确的思想认识，纠正错误的思想认识，进而促进教育对象的思想沿着正确的方向发展。

疏导的形式有多种，一般地说，如果是为了解决带有共同性、普遍性的思想问题，那么可采用直接的教育方式，如报告会、演讲会、民主讨论以及新闻、出版、广播等。如果是针对个别的思想认识问题，则宜采用个别交谈、谈心的形式。

此外，要正确认识“疏导”与“灌输”的关系。疏导与灌输是并行不悖、相辅相成的。先进思想的形成离不开灌输，而灌输过程中又会遇到同原有认识、原有思想的矛盾，因此灌输当中也要讲疏导。疏导和灌输应当是相互结合的，疏导并不是对灌输的否定和排斥，恰恰相反，疏导正是为了灌输能够更有效。

3. 协调

在社会主义条件下，虽然人民群众在根本利益上是一致的，但是，由于个人在先天条件上的不平衡、地区文化和自然条件的差异、社会待遇和社会机会的多样化，等等，使得自从经济社会出现以来，始终呈现出多元利益冲突与整合的复杂情境，而社会发展的历史表明，人们不可能完全在争取社会和谐的过程中，通过回避“矛盾”和压制“冲突”来谋求多元利益通向一致的道路。正确处理人民群众中利益上的大量矛盾关系，协调好人与人的关系是社会主义思想政治教育的基本任务之一。

在思想政治教育工作中，教育者要采取协调的方法调整人民群众的各种矛盾格局和人际关系，创造出团结向上的集体主义气氛和科学、文明、健康的生活方式，从而对教育对象的思想行为施加积极的影响，这就是思想政治教育的协调方法。在协调的过程中，通过灌输马克思主义的理论，形成教育对象正确的观念，教育他们树立国家利益、集体利益和个人利益相结合的利益观，在科学的利益观支配下，自觉地维护社会的集体利益，把党的利益、国家的利益高于一切落到实处。通过协调人与人之间的关系，形成互助友爱、团结一致、和谐宽容的社会氛围，促进社会主义物质文明、精神文明和政治文明的建设。

4. 沟通

沟通是人与人之间信息互动的过程，包括所有的被人们用来给予和接收信息的符号和线索。思想政治教育的过程就是沟通的过程。因此，在开展思想政治教育的过程中要注意运用好沟通的方法、掌握沟通的艺术，为增进教育主客体之间交流、了解，促进思想政治教育目标的实现打好基础。思想政治教育要想达到一个比较好的效果，必须从教育客体的现实情况出发，了解教育客体的需要，解决实际问题。这就要求教育主体根据教育客体的不同情况，进行耐心细致的沟通和交流，在此基础上，才能进一步实现提高教育客体思想认识和精神境界的目标。思想政治教育主客体之间的沟通可以通过倾听、语言沟通与非语言沟通来实现。

一是倾听，即思想政治教育主体或客体通过聆听行为接收另一方的口头信息，理解其含义并对此做出反应；二是语言沟通，即思想政治教育主客体双方利用语言行为发送和接收信息，以进行信息交流；三是非语言沟通，即思想政治教育双方利用形体、表情或其他非语言信号进行信息交流。

5. 咨询

在思想政治教育过程中，咨询可以起到解答疑难、提出建议、辅助决策的作用，同时又具有教育引导的功能，是思想政治教育的重要方法。通过咨询，教育者回答教育对象的疑难问题，加强双方的思想交流，进行互动，从而使思想政治教育与教育对象的思想、生活、工作、学习等各个方面相结合，采用独特的工作艺术，帮助教育对象真正从思想上解决问题。

咨询的内容可以涉及教育对象工作、学习、生活、思想的方方面面，包括科学信仰、人生观、世界观确立的指导和咨询，社会生活问题的指导和咨询，工作、学习问题的指导和咨询，心理卫生的指导和咨询，闲暇安排和日常生活的指导和咨询等。值得注意的是，随着社会经济加速发展，人们的生活节奏迅速加快，心理压力加重，随之而来的心理困扰、心理障碍有所增多。因此，在思想政治教育中开展心理咨询十分必要，符合社会发展的客观需要，能够满足人们心理健康发展的需要，同时其独特的优点也拓宽了思想政治教育的思路，有利于提高思想政治教育的针对性。

教育者在咨询中要注意自身的角色定位，成为教育对象的“良师益友”，以热情友好、耐心细致的态度，消除教育对象的顾虑，赢得对方的信任，在平等互动中为教育对象排忧解难。此外，在思想政治教育中运用咨询的方法，必须注意要与党团教育、形势任务教育、党的基本路线纲领的教育，以及马克思主义理论的系统教育和思想政治教育的其他内容结合起来，才会达到思想政治教育的目标，取得预期的教育效果。

6. 激励

激励能够充分调动人们的积极性、主动性和创造性，还能够强化人们的正确观念和行为，使人们正确的思想行为在生活实践中得到锻炼和升华。在思想政治教育中，利用激励的方法来塑造人们新的思想行为，具有特殊的教育意义。运用激励的方法，既可提高教育对象投身社会主义现代化建设事业的积极性，为其提供强大的精神动力，同时能够将党同人民群众的根本要求转化为每个人的思想行为准则，从而完成塑造正确的思想政治品德的任务。

激励有物质激励、精神激励。物质激励就是满足个人物质利益的合理需要，将工作报酬和工作任务相结合，使教育对象在物质动因的驱动下出色地完成自己的任务。思想政治教育中的精神激励可以分为不同的方面，比如，激发和鼓舞人们获得马克思主义的科学世界观和为社会进步与人民利益而奋斗的共产主义人生观，激励人们有理想、有目标地去追求积极的人生，这是理想信念方面的激励；提供发挥和施展个人才华的机会，激发其对事业的献身精神，满足实现人生价值的成就感，这是拼搏精神和成就感方面的激励；再有，建立亲密融洽、团结协作的集体氛围，以集体的斗志和工作效率，激发个人的潜能，这是人际关系和团队斗志的情绪激励；等等。需要指出的是，任何一种激励都不是万能的。在思想政治教育中运用激励的方法，要注意将多种激励结合使用，既有精神激励，又有物质激励，将两者融为一体，促进教育对象自觉地贯彻党的路线、方针、政策，为改革开放和社会主义现代化事业贡献自己的力量。

7. 惩罚

思想政治教育的功能应当集宣传教育与防范惩罚于一身。思想政治教育内容的传授、目标的实现，除了通过和风细雨、循循善诱的方法来实现外，并不排斥其他的包括强硬的教育方法，例如，批评教育和必要的惩罚手段等。例如，新加坡政府认为，必须通过立法和制定政策强制人们遵守共同的行为规范，以此为精神文明的建设和发展提供保障。

（三）思想政治教育方法的继承与创新

对思想政治教育的一贯重视，是我们党的鲜明特点，在长期的革命和建设过程中，形成了许多行之有效的思想政治教育方法，对此我们既要理直气壮地继承这份宝贵财富，对长期以来有效的好方法加以坚持，同时又要拥有改革和创新精神，不断拓展适合时代发展和教育对象变化需要的新的方法。

1. 思想政治教育方法的继承

在党的发展历程中，从长期的革命斗争到社会主义事业的全面建设，始终紧密联系实际，适时进行思想政治教育，长期以来积累了丰富的、行之有效的思想政治教育方法，值得我们学习、研究、继承、发扬。我们党的思想政治教育工作之所以拥有丰富的经验和优良的传统值得继承和发扬，这是因为，它是以马克思列宁主义作为行动指南的。一切从实际出发，实事求是是我们党的思想路线，在这样的前提下，党的思想政治教育的方法具有自己的特点和优点，因而，它能够长期地保持自己的优良传统。

（1）解决思想问题和实际问题相结合

理论联系实际是思想政治教育的基本原则，表现在思想政治教育的具体方法中，就是要从教育对象的切身利益出发，将解决实际问题和解决思想问题相结合，在解决实际困难的过程中，不是空洞地说教，而是通过实际问题的解决使教育对象对眼前利益与长远利益有正确的认识，从而振奋精神，投身于社会主义事业。

（2）始终坚持和贯彻民主作风

要解决人们的思想问题和认识问题，只能采取民主的方法，通过启发、示范的方式，使教育主体与教育客体能在平等的基础上进行交流，增进了解，达到以情感人、以理服人的目的。无论在革命战争时期，还是在和平建设年代，我们党都一贯尊重人民群众的意志，支持和保护人民群众行使民主权利。在思想政治教育中民主作风具体体现为：深入人民群众、倾听人民群众的呼声、调动人民群众投入社会主义事业的积极性，将思想政治教育与教育对象的实际相结合，使他们明确不仅要做些什么，而且懂得为什么要这样做，以及怎样做、朝着什么样的目标前进。

（3）表扬与批评相结合

表扬与批评相结合是保证思想政治教育有效性的重要方法之一，使得在思想政治教育的过程中不仅有循循善诱、和风细雨，而且有情理结合、情真理切的治病救人的措施。“批评与自我批评”是共产党的优良作风，每当这种作风得到发扬的时候，思想政治教育就能生机勃勃、富有活力，就体现出战斗力、生命力。但这种批评是有原则的，“有则改之，无则加勉”，最终是为了帮助教育对象更好地认识和改正错误缺点，启发内在的觉悟，用正确的思想、观点克服错误的思想、观点。

(4) 言教与身教相结合

在思想政治教育方法中，言教与身教相结合是一大特色。作为教育者首先必须先受教育，“先当学生后当老师”，全面提高自身素质，以身作则，平等待人。

实践证明，长期以来所形成的联系实际、生动活泼、交流情感的思想政治教育方法是深受教育对象欢迎的，这些优良传统值得我们继承和发扬。但我们也知道，在长期的革命和建设中，我们党的思想政治教育工作既有成功的经验，也有失败的教训，这就要求我们学会正确地分析判断，对待优良传统既不能割断历史也不能停滞不前，而要将继承与创新联系起来，这样才能保证思想政治教育的活力。

2. **思想政治教育方法的借鉴**

思想政治教育方法要发挥其实际功效，首要的一点是立足于本国实际，以历史的丰富经验与现实的社会实践为参考依据，但是，实践也证明，一味自我封闭、固守传统，而不吸收借鉴外来的先进理念和成功经验，即使是最有效的传统方法，也难保其永久的效力。为此，我们必须以高瞻远瞩的眼光和海纳百川的胸怀，借鉴世界各国思想政治教育方法的成功经验，以及其他社会与自然科学的先进方法，进行充分的研究、鉴别、选择、批判、吸收和消化，进而开阔思路、提高水平，通过“古为今用”“洋为中用”和“学科整合”，不断促进本国思想政治教育方法的改进、创新。

(1) 借鉴国外成功的经验开展工作

这对新形势下探索加强和改进本国的思想政治教育的方法具有重要的启发作用。例如，将思想政治教育渗透在其他各科教学的方法。在美国，很注意在专业教学中渗透德育。学生学习任何一门专业课都要回答三个问题：“这个领域的历史和传统是什么？它所涉及的社会和经济的问题是什么？要面对哪些伦理和道德问题？”通过这种方式来激发学生思考与专业有关的社会伦理问题，其中包含了德育的目标。再如，在教学方法上采取诸如讲解、讨论、看录像、演剧、唱歌、辩论等多样化的方法；还有充分运用电视、报纸、电影、书籍、网络等大众传播媒介为思想政治教育工具和途径的方法，潜移默化地影响公民的政治倾向、价值取向和生活方式；等等。

(2) 借鉴和应用其他学科、新兴学科的方法开展工作

在现代科学技术，尤其是信息技术迅猛发展，在人们的思想更加复杂、多变

的现实境遇中，要进一步增强思想政治教育方法的有效性。一方面，要运用科学技术的先进成果，促进思想政治教育方法的提高，比如借助计算机、多媒体、虚拟技术、激光技术，使思想政治教育的内容转化为生动事例，穿越时空，逼真地展现在教育主客体双方面前，产生声形并茂、情理交融的功效；另一方面，要结合当前自然科学与社会科学相融合，产生大量交叉学科、边缘学科的现实条件，主动吸收包括伦理学、教育学、心理学等众多学科的研究成果，积极采取系统论、信息论、控制论、突变论、协同论、耗散结构论等科学方法论，并使之有机结合，实现思想政治教育方法的多学科交叉整合。

3. 思想政治教育方法的创新

创新是思想政治教育工作的生命力，这是由思想政治教育工作的本质要求决定的。由于思想政治教育对象的思想是多样的、变化发展的，因此，与之相应的思想政治教育方法也必然要发展、创新。步入 21 世纪，思想政治教育面临许多新形势、新情况，要使其切合时代发展的需要，赢得教育对象，成为社会进步的强大精神动力支持，就必须与时俱进地探求思想政治教育方法的创新。

当前我们所处的时代环境，既为思想政治教育方法的创新发展提供了契机，同时也提出了新的课题和挑战。一是教育环境发生了变化。改革开放以来，我国经济快速发展，物质文明和精神文明建设都取得了巨大进步，同时，随着全球化、信息化、网络化的浪潮，与世界的交流、开放程度进一步扩大，人们新的思想观念、生活方式不断产生。时代的变化、环境的改变，要求思想教育必须根据新的形势，采取恰当的方式方法，提高教育的针对性。二是教育对象发生了变化。在新的环境、新的条件中，人们的思想观念、行为方式等都发生了改变，在知识水平、思想认识和价值观念等方面呈现出鲜明的个性特点，若一成不变地简单沿用传统方法进行教育，其效果必然会受到制约。三是思想政治教育的任务发生了变化。随着我国社会主义现代化建设事业目标的不断推进，更加需要团结一切可以团结的力量，动员各族人民，通过有效的思想政治教育方法，促进人们积极投身于祖国的振兴事业，为实现伟大任务提供坚定的思想政治保障。

(1) 人本管理的方法

思想政治教育是一项研究人、对人产生作用的工作，其采取的方法必须根据人的思想形成、发展和转变的规律加以灵活运用和适当调整。人本管理的方法是一种“柔性管理”的方法，打开了现代管理的人文视界，提倡人性化的工作原则与目的。人本管理融合了管理科学与人文精神，与思想政治教育以实现人的全面发展，以培养充满活力、和谐发展的人的教育目标相契合。将人本管理作为思想政治教育工作方法的创新，要做到营造浓郁的人文关怀的教育氛围，使教育方法贴近教育客体的实际和现实的生活，要做到尊重人、关心人，关怀教育客体的生活、学习、工作与成长、发展，创造个体自身发展的空间，搭建施展个体才华的舞台，充分激发个体的自觉性和主观能动性，切实将思想政治教育渗透于人的成长发展的全过程，为实现人的全面发展创造条件。

（2）体验教育的方法

近年来，随着素质教育的全面实施，“在实践中体验”“在体验中成长”的育人成功经验，已在基础教育中得到运用和推广。体验是一种通过亲身经历，逐渐形成经验的过程。体验教育的方法是思想政治教育创新的成功尝试。通过丰富多彩的德育实践活动可以使教育客体在主动参与中经受锻炼，接受熏陶，获得真实的感受，从而自觉地不断省悟，把平时所学的思想政治教育内容的基本知识和基本道理，内化为自身的智慧、才能和品德，并在实际行动中得到落实，由此，教育客体的思想道德素质在“接受教育—体验实践—领悟思考—落实行动”的螺旋式上升的模式中不断提高，进而促使自身个性和人格得到不断发展与完善。

（3）情境模拟的方法

情境模拟是教育学、社会学、传播学、行为科学等学科研究的课题，构建情境，设计模拟角色，影响人们观察的效果、直接感受和真实评价。在思想政治教育中运用情景模拟的方法营造育人的氛围，有利于增强思想政治教育的吸引力与感召力，提高思想政治教育的针对性与实效性。情景模拟可分为：角色模拟，如生活角色情境模拟、职业角色情境模拟、榜样人物情境模拟等；虚拟情境模拟，即借助网络空间的虚拟平台，通过运用网上字码与符号，开展教育主体与教育客体、教育客体与教育客体之间的思想交流与行为引导；情境想象模拟，这是一种教育客体对未来品性超越的憧憬和向往，可以激发教育客体思考未来，追求美好未来。

（4）综合运用的方法

古希腊思想家、哲学家亚里士多德曾说过，整体大于它的各个部分总和。随着现代科学技术高度分化与高度综合并存的趋势，综合的方法在各个领域和各项工作中广泛运用，其作用与成效明显。思想政治教育方法，应当以唯物辩证法关于全面的观点、联系的观点和发展的观点为指导，适应当前教育客体和社会现实环境的需要，以综合教育方法为创新思想政治教育方法的突破口之一。综合的方法并不是简单地将现有的思想政治教育方法进行累加，而是要将传统的方法与现代的方法、外来的方法与本土的方法有机结合，形成最优化的综合教育体系，以适应教育客体的实际需求和变化发展。

我们在坚持运用经过实践证明行之有效的传统方式、方法和途径外，必然要根据社会发展的要求，结合教育对象的实际，不断探索、总结，开创新的方式、方法和途径。它必将有力地推进思想政治教育科学化的进程。

二、思想政治教育的途径

要实现思想政治教育的目标，发挥其有效性，不仅需要一个结构严密、相互配合的工作方法体系，拥有一个网络化、体系化的实现途径也是必需的。一般地说，思想政治教育的途径包括社会教育、集体教育和自我教育。

（一）社会教育

人的本质是一切社会关系的总和，人们的思想、观念及其行为不是某个单独的客观因素作用的结果，而是一系列社会的政治、经济、文化诸因素综合作用的逻辑结果。社会教育是思想政治教育的重要途径。在个体的社会化过程中，通过学习并掌握特定的知识技能、价值观念和行为规范，从而完成由自然人向社会人的转变过程。在这个过程中，个体要将社会思想观念体系和价值评价体系内化，还要转化为符合社会所期望的良好实际行为。

总体来说，社会教育的组织形式应该包括家庭教育、舆论教育、学校教育、组织（党团组织、工青妇等群众组织）教育等。一是家庭教育。家庭教育对教育对象的行为习惯、思想作风起到耳濡目染、潜移默化的作用，家庭是整个教育链的起始。作为社会的基本细胞单元，家庭教育的好坏，对整个社会的发展、一代新人的素质提高有直接的关系，因此家庭教育是社会教育的重要组成部分。二是舆论教育。即通过社会舆论、社会活动、社会影响等途径对人们进行教育的活动。思想政治教育工作者可以通过报纸、杂志、广播、电影、电视等大众传播媒介和网络、短信等新兴传播渠道，广泛地传递、传播思想政治教育的内容，影响人们的思想行为。舆论教育是对人们进行思想政治教育的大课堂，是一种广泛而深刻的教育形式。在社会舆论的推动下，人们在社会活动和社会交往中联络感情、广结人缘，激发进取心和创造精神。通过宣传和学习先进典型和模范事例，谴责和抵制不道德行为，净化社会风气。三是学校教育。学校是培育社会主义事业合格建设者和可靠接班人的重要基地，按照党的教育方针对学生进行系统的思想政治教育和科学文化知识的教育，使学生成为有理想、有道德、有文化、有纪律的全面发展的社会主义一代新人。在思想政治教育中，学校处于特别重要的地位，由于学校本身是“专门的教育机构”，在育人方面具有不可替代的作用和优势。因此，学校既要做好校内育人的本职工作，同时还应该在整个社会的“思想政治教育网络”中起到指导作用，做好纽带和桥梁，这是它所应担负的社会道德责任。四是组织教育。处在社会生活中的人总是处于一定组织关系之中的。各类党团组织或企事业单位的定期学习、参观交流、志愿服务活动等，都是组织成员融入社会、接受教育的重要渠道。组织教育既可以提高组织内部的凝聚力、向心力，又可提高组织成员的素质，完善组织的整体形象，乃至对社会大环境起到有益的作用。因此，它是社会教育途径中不可缺少的一部分。

家庭教育、舆论教育、学校教育和组织教育都是社会教育的重要组织形式，它们彼此间既有区别，又有联系，虽然他们的教育对象和教育范围可能有所不同，教育者也存在区别，但教育目标是相同的。在思想政治教育中，要做到使社会教育的四个方面互相配合、有机协调，形成完整的教育网络。

（二）集体教育

集体的教育力量是巨大的，在社会生活中，每一个人都隶属于特定的集体。在集体中，人们自觉遵守集体的行为规范，实践集体的思想观念，将集体的要求纳入自己的价值观念体系之中，形成新的世界观与方法论，从而达到思想政治教育的目的。同时，也是在集体中人们的思想与行为受到一定的约束，在集体舆论氛围的影响下，其成员得以纠正错误观念，放弃错误行为。集体教育的这一重要功能，使我们明确，在思想政治教育工作中，必须注重建立团结一致、文明健康、积极向上的集体，并且要善于发挥集体的教育优势，培养人们的集体意识、集体主义精神、团队协作精神，以充分体现集体的教育功能。

在集体教育过程中，要注意把集体的教育力量“内化”为教育对象自我教育的力量。这就要求把集体教育与自我教育结合起来，以取得良好的教育效果。

（三）自我教育

思想政治教育的目的，是使人们具有自我教育、自我控制的能力。所谓自我教育，也就是教育对象自己教育自己，是指教育对象根据思想政治教育的目标和要求，依靠自身思想的矛盾运动，产生积极进取之心，主动接受先进思想和正确理论，克服错误思想，形成良好的思想品德和正确行为，不断提高自身思想觉悟。思想政治教育的过程，不仅仅是将思想政治教育的内容简单地传授给教育对象，更为重要的是使人们在接受正确理论指导的基础上，通过自我思想矛盾运动，去分析、克服错误的思想和理论，并且自觉地树立起正确的世界观和人生观。

自我教育分为个人自我教育和群体自我教育。在个人自我教育中，教育对象自身既是主体又是客体，同时承担教育者与教育对象的角色，主要是通过个人的自我反省、自我总结、自我批评等方式提高自我的思想品德修养。个人自我教育可以通过自学理论、领会精神、写总结、悟心得、记日记等形式实现。群体自我教育是指某一集体内部的互帮互教，在群体中通过帮助和教育别人，自己也可以受到教育，这是一种广泛的自我教育，可以通过集体讨论、座谈会、民主生活、参观调查、学习典型等形式来实现。

“自我教育”不等于“放任自流”。教育者要在其中发挥主导作用，把握标准，引导受教育者明确自我教育的要求，帮助受教育者不断提升思想认识水平，强化良好的行为习惯。

思想政治教育的实现途径除了上述三个方面外，还有许多其他的途径，比如，结合专业工作进行思想政治教育的途径，在社会实践活动中开展思想政治教育的途径等。有一点必须明确，在思想政治教育中选择途径时，应当与一定的教育内容、教育方式相适应，服务于一定的思想政治教育目的任务。

第六章 思想政治教育的过程

第一节 思想政治品德结构及其形成发展规律

一、思想政治品德结构

思想政治教育过程是促进受教育者思想政治品德形成与发展的教育实践活动过程。这种教育的实践活动过程之所以具有科学性和有效性，关键是因为它遵循了受教育者思想政治品德形成发展的规律来实施教育。因而，对受教育者思想政治品德及其结构的认识与把握是实施思想政治教育过程的重要前提。

所谓思想政治品德，是指个人依据一定社会一定阶级的思想体系、言行规范行动时所表现出来的相对稳定的心理、思想与行为特征的总和。而思想政治品德结构则是指构成个人思想政治品德的各个要素及其相互作用和连接的方式。人的思想政治品德是一个由多维度、多要素、多层次、多联系构成的有机系统。各维度、各要素和各层次间相互关联、相互影响、相互作用，成为一个有机整体。

思想政治品德结构具有多维度、多要素性。它是政治心理过程、思想政治观念、行为及其能力等三个维度的有机结合，每一维度又有自己的亚结构要素。在心理过程维度上，它包含知、情、意、信、行等要素。在思想政治观念维度上，它包含世界观、人生观、价值观、道德观等要素。在行为及其能力维度上，它包含识别能力、体验能力、实践能力、自我教育能力等要素。

思想政治品德结构具有多层次性。心理过程、思想政治观念和行为及其能力分别属于不同的结构层次。其中，心理过程是思想政治品德的基础。人的思想政治品德的形成和发展是建立在心理各要素的活动基础之上并受心理各要素发展水平的制约和影响。思想政治观念是思想政治品德的核心，它决定了思想政治品德形成发展的方向和规格。行为及其能力是思想政治品德的外显标志，也是评判人的思想政治品德发展水平的客观依据。

思想政治品德结构具有多联系性。结构中的各维度、各要素相互交融，便构成要素的复合形态。这种复合形态使得思想政治品德结构各要素间相互渗透、相互胶合。如心理过程维度要素与思想观念维度要素相交融，构成思想政治品德认知、思想政治品德情感等；思想观念维度要素与行为及其能力维度要素相交融，构成价值判断能力、道德实践能力等；心理过程维度要素与行为及其能力维度要素相交融，构成认知判断能力、情感体验能力、行为实践能力等。各种要素组成的复合形态，不仅具有各自的复合要素内容，而且具有复合要素的特点。如认知判断能力和情感体验能力在其含义以及形成特点上都不相同。

思想政治品德的这种多维度、多要素、多层次和多联系性的结构特点，反映了人的思想政治品德的复杂性。而每个人因其思想观念的不同、心理要素发展水平的不同以及行为方式、行为能力的不同，又显现出鲜明的个体差异性。这就要求我们对人的思想政治品德必须全面地、多维度地、多层次地认识和把握，并充分重视其个体特性。

思想政治品德结构一旦形成，就具有相对独立性。它形成个体自己独立的观点、态度和个性倾向性，产生自己的思想特征和所追求的价值目标，形成评价和自我评价的能力，并形成一定的行为方式、行为习惯，从而对外部影响、外部客体因素做出自己的选择和能动反应。

思想政治品德一般是按照心理—思想—行为及其能力的程序，由简单到复杂、由低级到高级、由不稳定到稳定、由不完善到完善而发展的。

二、思想政治品德形成发展过程

人的思想政治品德的形成和发展不是单因素影响的结果，也不是一蹴而就的简单过程，而是在客观外部环境的影响与主观内部因素的相互作用下逐渐完成的，是这两者交互作用的产物。

（一）外部社会环境影响过程

人的思想政治品德不是先天固有的，而是人在其后天的社会生活中逐渐形成发展的，是现实环境的产物和人对现实的能动反映。观念的东西不外是移入人的头脑并在人的头脑中改造过的物质东西而已。外部环境的各种影响因素作用于人的头脑，主体接受外部各种刺激影响，产生思想，人通过自身的社会实践活动，在与环境的相互作用中形成和发展自身的思想政治品德。

人是社会的人，人总是处在社会生活的影响之中，外部社会环境的各个方面对人的思想政治品德的形成发展产生全面而深刻的影响。社会的政治、经济、思想、文化和科技传媒的影响是普遍的、广泛的，从根本上规定了人的思想政治品德的形成发展的规格和方向，规定了人的成长的基本趋势和可能。家庭、学校、单位、人际交往及社区的影响是直接的、多样的、复杂的，使人的思想政治品德的形成发展具有多种可能性和不确定性。

人通过与现实环境中各种社会关系的交往与互动形成和发展其思想政治品德。在现实的社会生活中，人与自我、人与他人、人与群体、人与社会、人与国家、人与国际乃至人与自然相互交往。这种交往一方面使人认识自我、社会和他人，另一方面也使人面对各种差异和冲突。人在处理和化解这一系列外部矛盾中感知并理解社会的政治思想道德，形成和发展自身的思想政治品德。

人的思想政治品德形成发展水平受制于一定社会环境的发展水平，是现实社会环境的产物和反映。同时，人所处的社会环境是在不断变化的，变化了的社会环境对人的思想政治品德的发展又会不断提出新的要求，这也就促使人的思想政治品德要随着社会的变化发展而不断地变化发展。

总之，外部社会环境是人的思想政治品德形成发展的根本性影响源。人的思想政治品德是随着外部社会环境的变化发展而变化发展的。从根本上说，社会环境的发展水平决定了人的思想政治品德的发展水平。

（二）内部因素制约过程

人的思想政治品德的形成发展既受到外部社会环境的影响，也受到其内在的心理、思想等因素的制约，是这两者交互作用的产物。

人的心理因素的构成，就其内容来说，包含知、情、意、信、行五个方面。

1. 知，是指思想政治品德认知

它是人们对一定社会的思想政治道德观念、准则以及运用这些观念、准则对是非、美丑、善恶的认识和评价。思想政治品德认知是人们形成思想政治品德的重要基础和基本发端，在思想政治品德结构中起定向和导向的作用。思想政治品

德观点、信念的形成有赖于思想政治品德认知。人们随着自身对社会生活和对人与人之间关系的认识的不断扩大和加深，其思想政治品德观念也就由浅入深、由低向高、由简单到复杂地发展起来。人们的认识越全面、越深刻，其思想政治品德观念就越明确、越坚定，并有助于逐渐转化为信念。

2. 情，是指思想政治品德情感

它是人们按照一定社会的思想政治道德观念、准则对他人或事物认识和评价时产生的好恶、爱憎的体验。思想政治品德情感对思想政治品德形成发展起着催化、强化的作用，是激化个体去行动的内在动力；通过情感的体验，领悟获得思想政治品德的经验与体会，是人们进行思想政治品德修养的一种重要的学习方式；通过情绪、情感活动建立与他人的联系和情感互动，使人获得社会性发展；情感还对人的评价、选择起着内部监控的作用，人们根据自身好恶、爱憎的情感感受对社会的思想政治品德的影响做出接收或排斥的选择，对自身的思想政治品德行为做出肯定或否定的选择。人们的思想政治品德情感发展越强烈、越深层，就越有助于将情感升华为情操，并有助于思想政治品德境界的提升。

3. 意，是指思想政治品德意志

它是人们在践行一定社会思想政治道德观念、准则时所表现出来的自觉克服困难或障碍的毅力和控制力。思想政治品德意志对思想政治品德形成发展起着调节作用。思想政治品德的形成发展需要人们在明辨是非的基础上，自觉地、果断地、坚持不懈地追求真理、理想和信念，同时又能不断反省自身，随时修正错误，这些都需要有意志做支撑。意志体现于行为之中，是调节行为的精神力量。意志的培养也是通过行为的实践锻炼和磨炼而生成的。

4. 信，是指思想政治品德信念

它是人们对一定社会的思想政治道德观念、准则的真诚信仰。当人们对思想政治道德观念、准则的认知不断深化，达到坚信不疑的程度，又对其具有偏好，达到能追求它、要求得到它，并能指导自己的行动时，就形成了信念。一个具有思想政治品德信念的人，其思想行为体现出鲜明的原则性和坚忍性，能够自觉坚持信念追求，自觉担负义务和责任，能为捍卫自己的信念而不惜牺牲一切，古人所谓的“富贵不能淫，贫贱不能移，威武不能屈”很好地阐释了信念的力量。正是从这个意义上说，思想政治教育最重要的任务就是要帮助人们形成正确的信念。

5．行，是指思想政治品德行为

它是人们在一定社会的思想政治道德观念、准则、情感、意志和信念的支配下所采取的行为及活动。思想政治品德行为受思想政治品德认知、情感、意志和信念的支配，思想政治品德的形成和发展依靠行为的实践，并通过行为的实践表现出来。由于人的行为具有现实性和具体性，因而它也成为判断一个人思想政治品德发展水平的客观依据和评价标准。思想政治教育要重视对教育对象行为的锻炼和培养，要使教育对象自觉以社会的思想政治道德规范指导自己的行为，达到知行统一，并在实践中养成符合社会思想政治道德要求的行为习惯。

在思想政治品德形成发展过程中，知、情、意、信、行五要素相互联系、相互影响、相互渗透、相辅相成。认知是情感、信念、意志产生的基础，是行为的先导；情感是认知、意志、信念的催化剂，是行为的动力；信念是认知、情感、意志的“合金”，是行为的动力和精神支柱；意志是认知、情感、信念的体现，是行为的杠杆；行为则是认知、情感、信念和意志的外在表现和结果，是不断发展认知、情感、意志、信念的基础。

三、思想政治品德形成发展规律

（一）思想政治品德的形成与发展是主客观因素相互平衡、相互协调的结果

思想政治品德的形成与发展是主观因素和客观因素交互作用的产物，其中介和基础是社会实践。马克思主义认为，社会实践是人类能动地改造世界的一切社会性的客观物质活动。社会实践同样也是个体的人能动地认识世界和改造世界的社会性的客观物质、精神活动。从认识论的角度讲，实践是人认识的来源、认识发展的动力、检验认识真理性的标准和认识的目的。人们在实践活动中面向客观世界，接触大量的社会现象和自然现象，获得丰富的经验知识、感性知识，然后能动地发展到理性认识，并通过再实践、再认识的过程而不断深化，从而真正认识事物发展变化的内在规律。从人作为思想政治品德实践主体的意义上讲，实践

是有目的地作用于主客体的过程。它既需要意识、思维的参与，发挥思想政治品德认知、信念等因素的主导作用，又需要调动对实践活动的发动、停止和实践能力的发挥起控制和调节作用的思想政治品德情感、意志等动力因素，从而使实践的结果不仅是对外在客体的改变，同时也促进作为实践主体的人的思想行为变化和发展。人们通过社会实践，在改造客观世界的同时，也改造着主观世界，使自身的思想政治品德素质发生变化。此外，社会实践还能帮助人们区分正确与错误，鉴别真理与谬误，它是检验认识真理性的唯一标准。实践是深层次的教育，不仅为人类的发展创造物质基础，而且具有客观的教育效应，影响着每一个社会成员的成长。

人的社会实践，其基本表现形式是人的活动和交往。人们为了生活，必须从事有关的生产活动和社会活动，活动使人产生相互间的关系。活动使人体验、理解、领悟社会的思想政治道德，有助于人将社会的思想政治道德内化外化为个体的思想政治品德，为思想政治品德的真正获得提供现实基础。活动是打通主客体的通道，使得主体的人与它所关联的客观外界（包括与他人、群体、社会）发生实质性的关系，产生主客体互动，相互影响、相互作用、相互促进。在活动中人们之间便产生了交往。交往使人们的这种关系更加深刻和广泛。交往实现了人们之间的相互沟通和理解，实现主体间“视界融合”。其中人与人之间的精神性交往，即思想、观念、情感与态度的相互影响，以及教育性交往，即含有教育意蕴的交往。交往将人纳入社会关系体系，使人的“一切社会关系总和”的本质和思想政治品德得以具体化和现实化，并不断获得新的发展。

在主客体因素相互作用中，客观外界因素作用于人，但人不是消极地、被动地接受外部影响，而是发挥着人的主观能动性和主体性，对客观外界的影响有目的、有选择地接受，并通过人的社会实践活动，能动地影响和改造客观外界，协调和外部世界的关系。主客体因素间的这种平衡和协调，对人的思想政治品德形成和发展十分重要。学生思想政治品德的形成与发展有三个基本参变量：学生与外部世界关系的广度、学生与外部世界关系的层次、与外部世界关系的结构。对三个参变量的论点，我们可做这样的理解：因为人的思想政治品德的形成与发展是主客观因素交互作用的产物，因此人与外部世界接触的关系面越广，越有利于人了解社会；人与外部世界关系的层次越复杂，越有利于人深刻地认知社会；人与外部世界的关系结构越合理，越有利于人融入社会，并在与社会的良性活动中促进自身思想政治品德的形成发展和社会的发展。

（二）思想政治品德的形成与发展是主体内在思想矛盾运动转化的结果

人的思想政治品德的形成与发展，虽然要受到外部社会环境的影响，但外因只是变化发展的条件，内因才是变化的根据，人内在的一系列思想矛盾运动推动人的思想政治品德的形成与发展。

一是受教育者心理因素矛盾运动转化的结果。受教育者的思想政治品德的形成包括知、情、意、信、行五个不可缺少的心理因素。这五个心理因素一般是以认知为开端，沿着知、情、意、信、行的内在顺序发展，最终以行为习惯为归宿。但是由于这五个心理因素又有相对独立性，加之受教育者生活的环境和受教育的条件各有不同，因而经常出现知、情、意、信、行发展的不平衡现象，构成心理要素间的矛盾性。例如，单就认知这一要素而言，就会与其他几个心理要素间产生发展的不平衡性，如产生知与不知的矛盾、知与情的矛盾、知与意的矛盾、知与信的矛盾和知与行的矛盾，等等。我们在思想政治教育过程中所常见的言行一致与言行不一、动机与效果的统一和背离、行为习惯的持之以恒和浅尝辄止等现象，都是这五个心理因素发展的不平衡表现，这种不平衡表现可以用发展方向和发展水平这两个维度来描述。

由于知、情、意、信、行是人们形成思想政治品德不可或缺的心理因素，且这五个心理因素在一个人的思想政治品德的形成中都有其特殊的作用，因而，任何一个心理因素的短缺，都会影响这个人思想政治品德的形成与发展。思想政治教育的任务便是培养受教育者思想政治品德等心理因素都能得到平衡的发展。教育者在思想政治教育过程中必须及时掌握受教育者思想政治品德心理发展不平衡的情况，针对不同教育对象晓之以理、动之以情、培之以信、导之以行，因人而异地采取不同的教育开端和教育方法。虽然人的这五个心理因素的发展经常会处于不平衡状态，但由于它是集于一个人身上，五要素之间又会互相关联和渗透，因此，在实施教育的过程中，任何一个心理因素的加强都会推动其他心理因素的发展，它们之间是相互促进、互为条件的，而且在一定条件下甚至是可以相互转化的。比如，加强对受教育者的组织性、纪律性教育，既能养成受教育者良好的意志品质，又能增强其组织和遵纪守法观念，还能培养其良好的行为习惯。同时，在思想政治教育过程中，任何一种思想政治品德形成与其他思想政治品德又是相互联系、彼此迁移的。比如，诚实与正直、集体主义与爱国主义、遵守纪律与自我牺牲等相互间都可以互相推动、逐步升华。因此，思想政治教育过程就是根据教育对象心理因素发展的不平衡性，有针对性地实施教育，促使其心理因素的发展从不平衡转变为平衡，从不同步转变为同步。这些优良的思想政治品德的形成发展过程，就是受教育者的知、情、意、信、行心理因素矛盾转化的结果。

二是受教育者原有的内部思想政治品德环境和新有的思想政治品德要求之间矛盾转化的结果。受教育者在其社会生活和交往中，往往已经接受了各种各样的影响，有了自己的思想政治观点，即形成了其内部的思想政治品德环境。当外部的社会要求反映到教育对象头脑中时，就会与受教育者原有的思想政治品德环境之间产生矛盾，这种矛盾要求受教育者对新的社会要求做出思考和选择，或接收，或排斥。新旧思想政治品德环境间的矛盾将促使受教育者的思想政治品德发生变化，成为推动其变化发展的内在动力。

（三）思想政治品德的形成与发展是受教育者自身积极建构的过程

受教育者思想政治品德的形成与发展过程，是受教育者在外部环境影响下积极建构的过程。所谓建构，指的是受教育者对外部的影响，并非像海绵吸水那样全盘吸收，而是经过其主动的有所选择。一方面，受教育者在接受外部影响时，总是比照其原有的内部思想政治品德环境，对外部的影响进行审视，产生关于外部影响的认知。另一方面，受教育者在运用其内部原有的思想政治品德环境进行建构时，不断改造原有的内部环境，形成新的思想政治品德环境。或确认、接受外部影响，将其纳入自己原有的内部思想政治品德环境，成为自身思想政治品德结构的有机组成部分；或排斥、拒绝外部的影响，坚持自己原有的思想政治品德环境。但这种坚持，已经是在对原有内部环境的再审视、再思考基础上做出的新的选择，是对原有思想政治品德环境的一种认同和强化，因而，也是一种新生成的内部思想政治品德环境。因此，受教育者思想政治品德的形成与发展既不是先天具有的，也不是对外部影响的简单反映，而是受教育者在外部影响作用下，经过自身的体验、领悟、选择、实践等一系列主体能动性的发挥，所积极建构的过程和结果。思想政治品德的形成和发展，归根到底是受教育者的内因起决定性作用，最终要由其自身自觉的内化外化才能完成，这一过程，任何人都不能替代或强制。因而，现代教育理念十分强调教育过程中的主体性和民主性。

受教育者在积极建构自身的思想政治品德过程中，以下四方面因素起着至关重要的影响和作用，它们是生活体验、关系交往、领悟选择和行为实践。

1. **生活体验**

生活世界是受教育者形成和发展自身思想政治品德的源泉。各种外部因素作用于、影响于受教育者，成为受教育者思想形成和思想变化的根源。人们对事物的认识总是由感性认识开始，通过现实生活中的种种经历，获得对事物的鲜活的、深刻的、饱含情感因素的体验，当这种感知和体验达到一定的程度，便能逐渐概括、提炼为某种经验和思想观点，从而由感性认识上升为理性认识。通过体验打通受教育者主体与客观世界客体的通道，并为更深入的思想认识和情感介入拉开序幕。社会的思想政治道德作为一种外在的思想观念和规范，如若缺少受教育者对其真切的生活体验，两者总会相隔一层，要被受教育者理解乃至接受是十分困难的。也正是从这个意义上，我们说“生活世界是滋养我们心灵的家园”，生活体验是受教育者形成和发展其思想政治品德的现实根基。

2. **关系交往**

人们是在各种社会关系中生存和发展的。在现实生活中，受教育者在处理各种现实的人和自我、人和他人、人和群体、人和社会以及人和自然等关系中，感知和理解社会的思想政治道德。同时，作为主体的人，又是在与各种关系的交往中对外部的影响做出能动的反映；在交往中，认识到自我和他人的差异性，从而获得从不同的视角、维度思考和处理问题的可能，这有利于每个个体理解他人和生活，也为建立彼此和谐的道德关系打下基础；在交往中，人们会产生关系互动，每个人都会用自己的思想观点为人处世，这就会形成人们间的相互影响。而当人们间的关系由于种种原因发生矛盾时，人们又会主动地进行关系协调，以使自己能获得安全感和有利于生存发展的环境。现实生活中人所面临的种种矛盾冲突，尤其是思想政治道德的矛盾冲突，使人产生思想政治品德需求，这种需求便成为人形成思想政治品德的内部动力。社会的思想政治道德作为协调人们关系的一种社会要求和规范，为人们正确处理相互间关系提供了指导，它既是社会发展对社会成员的要求，也是人们自身生存发展的需要。因而，在关系交往中，人们获得了形成和发展自身思想政治品德的现实可能性。

3. 领悟选择

社会的思想政治道德是一种抽象的理念，它的价值、意义和规则需要通过人们的领悟才能真正认识。受教育者在现实生活中，在与各种关系的交往中，对体验到的社会要求进行反思，才会领悟其中蕴含的深厚意蕴，也才能达到真正理解和接受。开放的社会环境为个人的选择提供了多种机会和可能。每个人不同的生活阅历和体验，也为其选择提供了不同的模式和结果。一般而言，人们的选择受其思想观念的指导，有怎样的思想认知就有怎样的选择，对人和事的透彻领悟有助于人们做出正确的选择。在一定思想认识指导下所做的选择，由于它是建立在个体体验、领悟基础之上的，因而具有能动性和自觉性，它反映了选择者的意愿，一旦做出选择，选择者就有可能自觉地将其付诸行动。因此，领悟选择是受教育者形成自身思想政治品德的一个重要因素。

4. 行为实践

人的主观能动性的一个突出特点是自觉的实践性。人们一旦形成某种新的思想认识，就会将这种新的认识付诸行为实践，以此来为人处节。通过行为实践验证该思想认识的正确性，通过行为实践得到进一步的体验、领悟和认识，通过行为实践形成新的品质，超越原有的水平，获得新的发展。人们的行为实践是对生活世界的一种能动反作用，从生活世界中得到的感悟和心灵滋养，形成人们的思想认识，而后人们又会按照自己的这种认识来能动地改变、改造现实生活。思想政治教育所信奉的真、善、美价值导向因其符合人们对理想的追求，一旦人们接受这种影响并将其付诸行为，就有助于人们形成个体的思想政治品德。

在思想政治教育过程中，受教育者正是通过其生活体验、关系交往、领悟选择、行为实践等主体能动性的发挥来积极地建构自身的思想政治品德，并不断提升其发展水平。

第二节　思想政治教育过程的结构要素及步骤

一、思想政治教育过程的含义

所谓思想政治教育过程，是教育者根据一定社会的思想政治道德要求和受教育者思想政治品德的形成与发展规律，对受教育者有目的、有计划、有组织地施加教育影响，并通过受教育者内心思想矛盾运动和积极建构的实践活动，以形成教育者所要求的思想政治品德的过程。

思想政治教育过程与智育教育过程不同。虽然人的思想道德发展受人的智慧发展水平所制约，但这两者的教育过程是不同的。智育教育过程主要是完成开发与提升智力的教育任务，解决人掌握知识、技能、发展智力的问题。思想政治教育过程则是要完成使受教育者掌握一定的社会思想政治道德规范的任务，解决正确处理个人和他人、个人和群体、个人和社会、个人和自然等的关系，以及个人对待客观世界的主观态度的问题。

思想政治教育过程与思想政治品德形成过程不同。其一，思想政治教育是教育的组成部分，其实施属于教育活动范畴；思想政治品德是人的自身素质的组成部分，其形成属于人的素质发展的范畴。其二，思想政治教育过程是从外部对受教育者施加教育影响的过程，思想政治品德形成过程是在外部影响下，受教育者内部自身思想矛盾运动和建构的过程。

思想政治教育过程与受教育者思想政治品德形成和发展过程是相互影响和相辅相成的有机统一过程，这一过程是由一系列的思想政治教育活动所构成的。它包括教育者主动自觉地施加教育影响和受教育者能动积极地接受影响两个方面，是施教与受教的双向互动过程，两者缺一不可。这一总过程又可进一步分成以下三个具体过程：

第一个过程：教育者主动施加教育影响的过程。在这个过程中，教育者处于主动地位，发挥主导作用。教育者要根据教育对象的实际情况，确定教育的目标要求，创设教育环境，选择教育机制，开展教育活动，有目的地对受教育者施加社会所要求的教育影响，以促使受教育者把社会的要求转变为个体的思想政治品德素质。

第二个过程：受教育者发挥能动反作用的过程。在这个过程中，受教育者在外部教育影响的作用下，通过内在的思想矛盾运动和生活体验、关系交往、领悟选择、行为实践等活动积极建构自身的思想政治品德，以内化外化社会的教育要求。这是一个对受教育者来说充满着积极与消极、干扰与反干扰的复杂影响过程。

第三个过程：教育者反馈调节和重新实施教育的过程。在这个过程中，教育者要及时收集受教育者在教育过程中思想行为变化和教育环境变化的信息，并根据这些信息及时调整教育目标、教育机制，评估本次教育活动的效果，提出下一过程更高一级的目标要求，使教育过程循环往复，螺旋式上升，不断迈向新台阶。

二、思想政治教育过程的结构要素

思想政治教育过程的构成要素主要由教育者、受教育者、教育内容和方法以及教育环境四个要素构成。在教育过程中，这四个要素分别处于不同的地位，发挥不同的作用，并相互关联、相互影响，使整个教育活动过程处于一种开放变动的、错综复杂的状态之中。

（一）教育者

教育者指的是在教育过程中按教育要求有目的地对受教育者施加教育影响的个体或团体，包括党、政、工、团、家庭、社会团体及社会成员等。教育者在教育过程中处于主导地位，发挥主导作用。教育者要按照社会的要求对受教育者提出教育的目标要求，通过创设教育环境，实施教育内容、方法以及自身的言传身教等，主动地向受教育者施加教育影响，并根据受教育者的思想行为变化情况，及时调控教育过程，积极地促进受教育者形成社会所要求的思想政治品德。

（二）受教育者

受教育者指的是教育对象，包括个体的教育对象和群体的教育对象。在思想政治教育过程中，受教育者处于受导地位，具有能动反作用。即受教育者对待教育者所施加的教育影响是按照自身的意愿有选择地接受，一般而言，是接受那些与自己原有的思想政治品德发展水平相接近的内容和要求，而排斥或拒绝接受与自己原有的思想政治品德发展水平相逆的内容和要求。受教育者的这种能动反作用，决定了在思想政治教育过程中，教育者应及时根据受教育者思想行为的变化状况调整教育要求和方法，和受教育者保持良性的沟通和互动，以保证教育过程的顺利进行。

在思想政治教育过程中，教育者和受教育者都是互为主客体，具有双重主客体身份。他们的主客体角色不是固定的，而是在主动施教和能动受教的不同教育过程中相互变化和转换。具体而言，在教育者主动施教的过程中，教育者是主体，受教育者是教育者认识、教育的客体，教育者要发挥主导作用，通过对受教育者实施教育活动而影响受教育者；而在受教育者能动受教的过程中，受教育者是主体，受教育者只有通过自身自觉自愿的内化外化，才能将教育者所提出的社会的思想政治道德要求转化为自身的思想政治品德，任何人不可能强制或替代。认识到教育者和受教育者在思想政治教育过程中的这种双重主客体性对有效实施教育过程十分重要，它提示我们：教育过程是教育者和受教育者平等、民主交流沟通的过程，要充分重视教育过程的民主性；在教育过程中，既要充分尊重教育者的主体性，重视发挥其主导作用，又要充分尊重受教育者的主体性，重视发挥其能动反作用，对任何一方主体性的忽视都不利于教育过程的有效开展。

（三）教育内容和方法

教育的内容和方法即教育的手段，是教育者用以影响并作用于受教育者的中介体。思想政治教育作为一种教育的实践活动，必须依靠一系列教育的内容和方法得以开展。教育的内容和方法起着联结教育者和受教育者之间的桥梁和纽带作用，是不可缺少的中间环节。在思想政治教育过程中，教育内容、教育方法乃至教育者自身，都可看作是教育手段，其中教育者的品格、情感、举止是影响受教育者的重要因素。在教育过程中，教育者和教育中介物是融为一体的。

（四）教育环境

教育环境指的是教育活动开展时所处的一定的时空背景。教育环境对教育过程起着制约、渗透和影响作用。思想政治教育过程总是在一定的时空环境下展开、受到一定的时空环境的影响，并是在与环境的互动中进行的。从宏观上讲，教育环境包括社会的政治、经济、文化、科技传媒等环境。从微观上讲，教育环境包括家庭、学校、单位、社区等环境。教育对象在社会中生活，其思想行为每时每刻都会受环境的各种影响，当环境的影响作用与教育的影响作用方向一致时，教育的效应就会显现，而当环境的影响作用与教育的影响作用相反时，教育的效应就会被抵消，甚至出现负效应。思想政治教育过程不仅是在一定的时空环境下进行，而且要在不断地对环境的监督调控下进行，才能保证教育活动的有效性。

思想政治教育过程的这四个要素的活动顺序，一般而言是：由教育者通过教育的内容和方法主动地向受教育者施加教育影响，而后产生教育者和受教育者在一定环境下的双向互动活动，构成教育过程的系统运动。这四个要素之间既相互联系又相互区别，缺一不可，构成一个完整的思想政治教育过程。

三、思想政治教育过程的步骤

（一）确定教育目标、计划

教育目标是教育过程的总纲，统领整个教育过程，对受教育者的思想行为起到导向、激励等作用。教育目标确定的依据主要有两个方面：一是社会的要求；二是教育对象现实的发展水平和需求。社会的要求为思想政治教育过程指明方向，是教育过程最终要达到的目的，体现了教育的先导性和超越性。教育对象思想政治品德的发展现状和需求是教育的起点，体现了教育的现实可行性和层次性。确定教育目标，必须从调查研究入手，通过调查研究，深刻理解社会要求，全面了解教育对象，寻找两者的结合点，并从对象的实际出发，制订切实可行的教育计划。

（二）创设教育环境

良好的教育环境有助于受教育者思想政治品德的形成和发展，教育者应当积极创设教育环境。教育环境包括受教育者所处的现实环境和其内在的心理环境两个方面。教育者要善于从受教育者所处的现实生活中发现和提炼教育资源，把握教育契机，创设良好的舆论氛围和风气。同时，教育者还要积极创设受教育者良好的心理环境，要善于从受教育者现实生活中所遭遇或他人遭遇的矛盾、困惑和问题中，提炼出思想政治道德问题，引导受教育者进行积极的思想政治道德体验和思考，激发其思想政治道德需要动机，从而将思想政治教育的外部要求转化为受教育者内部自身的需要，以形成良好的接受教育的心理环境。

（三）开展教育活动

教育者要根据受教育者的个性特点和思想政治品德发展水平，恰当地选择教育方式、方法，积极开展教育活动。在开展活动的过程中，教育者应主动地参与到受教育者思想政治品德建构的过程之中去，承担起沟通、应答、引导的职责。从思想观念、情感态度和行为等多角度与受教育者进行沟通，形成平等的、良好的互动关系；对受教育者面临的现实问题、困惑和需求给予及时、积极的应答，提出切实可行的建议和意见；以活动为载体，引导受教育者将社会的思想政治道德要求内化外化，知行统一，成为个体的思想政治品德。

（四）评估教育效果

阶段性教育活动结束时，对照原先制定的教育目标要求，评估教育效果，充分发挥评估的信息反馈、问题诊断、导向激励、系统调节等功能，在新的基础上提出下一阶段的教育目标和任务，使教育过程循序渐进，不断提高受教育者思想政治品德的发展水平，提高教育的水平层次。

第三节　思想政治教育过程的矛盾及其规律

一、思想政治教育过程的矛盾及其调控

思想政治教育过程是一个充满着矛盾运动的过程。思想政治教育过程的矛盾是由其内部构成的各要素之间的相互依赖、相互作用、相互制约的关系而形成

的。如前所述，思想政治教育过程的构成要素有教育者、受教育者、教育内容和方法、教育环境等，这些要素之间在动态的教育过程中就会产生矛盾，构成思想政治教育过程的矛盾。

思想政治教育过程的矛盾可分为基本矛盾和一般矛盾两种。基本矛盾主要是指教育者根据社会的要求提出的教育要求与受教育者思想政治品德发展水平之间的矛盾；一般矛盾主要是指教育者与教育内容、教育方法的矛盾，受教育者与教育内容、教育方法的矛盾，教育者与教育环境的矛盾，受教育者与教育环境的矛盾，以及教育内容、教育方法与教育环境的矛盾等几个方面。思想政治教育过程正是在这一系列矛盾运动中展开的。

思想政治教育过程是由基本矛盾和一般矛盾所构成的多层次的矛盾统一体。基本矛盾贯穿于思想政治教育的全过程，对一般矛盾起支配作用，并通过一般矛盾具体表现出来。思想政治教育过程中的矛盾是思想政治教育过程和受教育者思想政治品德发展的内在动力，思想政治教育过程正是在把握和处理好一系列矛盾的过程中其质量和水平得到发展和提高。分析认识这些矛盾是为了有效地解决矛盾。因而，我们应从每对矛盾产生的缘由着手，进而分析如何把握、调控和解决矛盾。

（一）思想政治教育过程的基本矛盾

思想政治教育过程的基本矛盾，是教育者根据社会的要求提出的教育要求与受教育者思想政治品德发展水平之间的矛盾，这一基本矛盾规定和影响思想政治教育过程的一般矛盾。思想政治教育过程的基本矛盾反映了教育者所提出的教育任务与受教育者思想政治品德水平现状的不一致。在思想政治教育过程中，教育者总是按照一定社会的要求培养受教育者的思想政治品德，而受教育者在系统地接受教育者施加的教育影响之前，已经在自身的社会生活中、成长经历中接受了某种教育和社会的影响而形成一定的思想政治品德。对教育者而言，为了促进受教育者思想政治品德的发展，总是会对受教育者在其现有的发展水平之上，提出更高一步的教育要求。如果教育者所施加的教育影响与受教育者原有的思想政治品德发展方向一致，但发展水平不一致，这种同向性的层次性差异矛盾就会推动受教育者主动地接受教育者所施加的教育影响，产生良好的教育效果。反之，如果教育者所施加的教育影响与受教育者的思想政治品德发展方向不一致，受教育者就会产生一种逆反心理，抵制和削弱教育影响。因而，受教育者在思想政治教育过程中并不是消极地、被动地接受教育者所施加的教育影响，而是积极地、能动地接受或改造外界的各种教育影响。整个教育过程就是要缩小或消除教育者所提出的教育要求与受教育者思想政治品德发展水平之间的矛盾，不断促进受教育者思想政治品德的提高与发展。

思想政治教育过程的这一基本矛盾是在整个教育过程中自始至终起作用的矛盾，矛盾双方的相互认同与相互作用，推动着思想政治教育过程不断向前发展；矛盾中任何一方的消失，都意味着思想政治教育过程发展的中止。同样，受教育者思想政治品德素质和个性的全面发展也是这一基本矛盾不断深入发展的结果。在这一基本矛盾中，教育者始终是基本矛盾中的主要方面，因为整个教育活动过程是教育者主动发起，并按照教育的要求实施教育活动的，因而要解决教育过程的基本矛盾及由它所引起的一系列具体矛盾，都必须从教育者一方着手来调控矛盾和解决矛盾。

（二）思想政治教育过程的一般矛盾

1. 教育者与教育内容、教育方法的矛盾

在思想政治教育过程中，教育者是根据社会的要求提出教育的要求，选择与之相适应的教育内容与教育方法的。但随着社会的进步与发展，社会对人才培养会不断提出新的要求，规定新的教育内容和教育方法。教育者作为社会要求和教育要求的传递者、体现者必须使自身的思想、学识、才干、能力与不断变化的社会要求、教育要求保持良好的适应状态。如果教育者适应不了或跟不上这种变化，两者之间就会产生矛盾。在现实的教育活动中，由于教育者教育理念的滞后或教育方法的落后而影响教育效果的情形是经常发生的。我们只有贯彻教育者必须先受教育的思想原则，通过教育者坚持自我教育、接受继续教育和终身教育，不断提高自身的全面素质水平，才能合理地组织、选择与教育要求、教育过程相适应的教育内容、教育方法来调控和解决这对矛盾。

2. 受教育者与教育内容、教育方法的矛盾

教育者选择的教育内容、教育方法必须符合受教育者的心理需求，适合受教

育者的思想政治品德发展水平，才能起到沟通教育者与受教育者的双向联系的作用，产生较好的教育效果。但是，由于受教育者的类型、层次的多样性、思想行为变化的复杂性和动态性，如果教育者掌握的思想信息的局限性或教育内容安排不科学，教育方法使用不得当，就会产生受教育者与教育内容、教育方法不一致的矛盾。这就需要教育者正确地、全面地了解教育对象，实事求是地从教育对象的思想基础和心理需求的实际出发，及时调整教育内容和教育方法，增强思想政治教育的说服力和吸引力，才能调控和解决这对矛盾。

3. 教育者与教育环境的矛盾

任何思想政治教育过程总是在一定的社会环境中进行的。社会环境对受教育者思想政治品德的形成和发展起着根本性的影响作用。这种影响作用与思想政治教育有目的、有计划、有组织地促进受教育者健康成长、全面发展的教育影响不同，是十分复杂和多样的。社会环境的影响就其性质而言有积极的，也有消极的；有正确的，也有错误的；有自发的，也有自觉的。受教育者就是在环境的多元、多向影响下，不断选择而形成自身的思想政治品德；而教育者也是在环境的多元、多向影响下，不断选择而开展教育过程的。因而，教育者必须在教育过程中不断强化自身所施加的教育影响，积极吸收环境中的有利因素，扩大正面教育的影响面，以保证教育者所施加的教育影响在整个外部影响中处于主导地位，起支配作用。同时，教育者也要科学地预测和分析社会环境对受教育者形成的消极的、错误的、自发的负面影响，有效地控制负面影响的辐射面和渗透力，缩小负面影响的反作用。更为重要的是教育者要从自身做起，努力改善小环境，净化社会大环境，创造一个有利于受教育者健康成长的良好的教育环境。

4. 受教育者与教育环境的矛盾

受教育者的各种思想政治品德的形成与社会环境各个方面的影响有着密切的联系。社会生活的内容是极其丰富、千变万化的，社会环境的各种影响对受教育者思想政治品德形成的作用，更是其他各种教育因素无法比拟的，而且这种影响具有无法估量的不可控制的广泛性。在思想政治教育过程中，教育者除了积极创设外部的良好教育环境外，更主要的是要培养受教育者具有对复杂环境影响的辨别能力、正确选择能力和抵制错误影响的能力，使自身的发展符合社会发展的要求，促使受教育者把教育要求、内容内化为思想动机，外化为改造社会环境的实际行动，这样才能促使受教育者始终保持对外部环境的能动性，具有抵制外部环境负面影响的免疫力。

5. *教育内容、教育方法与教育环境的矛盾*

思想政治教育过程中教育内容、教育方法总是通过一定的社会活动和人际交往的形式表现出来的。活动和交往具有深刻的社会性，思想政治教育的内容与方法也必然受到一定的社会环境和社会关系的影响和制约，良好的教育环境和人际关系能够形成受教育者良好的心理环境和心理气氛，产生教育者与受教育者的双向认知和心理相容，有利于提高教育效果。相反，教育内容与教育方法和教育环境及周围人们行为之间不相符合和不一致，必然会引起受教育者内心的矛盾冲突和选择的困惑，甚至使受教育者无所适从，影响教育的效果。因此，在教育过程中，合理地组织思想政治教育的内容、科学地选择适当的教育方法、积极地创设有利于教育的良好环境，能够有效调节教育内容、教育方法与教育环境的矛盾，扩大其积极影响面，缩小其消极影响面，以争取获得理想的教育效果。

思想政治教育过程中的各种矛盾，尽管都是由教育者与受教育者这一基本矛盾规定的，但一般矛盾并不是只起被动的、消极的作用。恩格斯曾经这样说过，历史是这样创造的：最终的结果总是从许多单个的意志的相互冲突中产生出来的，是“有无数个力的平行四边形”形成一个“总的合力”产生的，并且他还特别强调“每个意志都对合力有所贡献，因而是包括在这个合力里面的”。思想政治教育过程从这个意义上说，它的结果也只能是“从许多单个的意志的相互冲突中产生出来的”，也就是说，思想政治教育过程是各种矛盾运动的结果，而每一对矛盾都将对形成“总的合力”发挥积极的作用。因此，从这个意义上说，思想政治教育过程的各种矛盾对思想政治教育的总体效益产生积极的影响。所以，我们在思想政治教育过程的矛盾运动中，既要重视基本矛盾所起的支配作用，又不能忽视一般矛盾所起的特殊能动作用，要在正确处理和解决一系列矛盾中推进思想政治教育过程的开展与提高。

二、思想政治教育过程的本质

思想政治教育过程，是教育者通过教育的实践活动，有目的、有选择地将社会的思想政治道德信息传递给受教育者，使受教育者形成一定社会所要求的思想政治品德的过程。这一过程的实质是造就道德主体的过程，即将受教育者造就成为思想政治道德主体。

受教育者作为一个主体的人，一方面具有自然属性，其自然属性主要是由先天遗传而获得；另一方面又具有社会属性，其社会属性主要是后天形成的。人的思想政治品德属于后天生成的社会属性，它是通过人的社会生活、社会实践，尤其是所接受的教育和自我教育而获得的。这种获得不是自然生成的，需要通过一定的学习和实践。思想政治教育在促使受教育者生成思想政治品德，成为一个思想政治道德主体的过程中具有重要的作用。通过教育者有目的、有选择地将社会的思想政治道德信息传递给受教育者，并通过教育者有计划、有组织地开展教育活动对受教育者施加教育的影响，从而使受教育者通过学习、实践掌握社会的思想政治道德，使自己成为思想政治道德主体。

所谓使受教育者成为思想政治道德主体主要包含两层含义：其一，是通过思想政治教育，使受教育者理解、接受、掌握和遵守社会的思想政治道德，使个体的发展符合社会的要求；其二，是通过思想政治教育，促使受教育者将社会的要求转化为具有个性特征的思想政治品德，并使其能自主地、独立地、富有创造性地付诸个体的思想行为之中，从而推进个体思想政治品德的发展和社会思想政治道德的发展。因此，思想政治教育过程是一个有目的、有选择的社会思想政治道德信息的传递和受教育者个体思想政治品德内心体验相统一的过程。

思想政治教育过程十分重视造就受教育者的主体性，只有造就了这种主体性，受教育者才能真正成为一个具有思想政治道德的主体。受教育者要靠其主体性的发挥，才能理解、接受、掌握和自觉遵守社会的要求；也只有依靠其个体性的发挥，才能将社会的要求在自身所遭遇的情境中、问题中、关系和交往中具体地予以运用，并通过自身主体性的发挥，不断推进社会思想政治道德的发展。

由此，我们可以将思想政治教育过程的本质描述为“个体思想政治品德社会化和社会思想政治道德个体化”这样一个完整的过程。其中，“个体思想政治品德社会化”，即受教育者在其自身的发展中，通过学习和实践习得社会的思想政治道德要求，使自身思想政治品德的发展社会化；“社会思想政治道德个体化”，即受教育者以自己富有个性特征的方式，创造性地运用社会的思想政治道德，解决现实生活中个体所面临的思想政治道德矛盾和困境，以促进自身思想政治品德的提高和社会思想政治道德的发展。因而，思想政治教育过程的实质是将受教育者造就成为思想政治道德的主体。

三、思想政治教育过程的规律

规律就是关系，是事物相对稳定的内部联系。思想政治教育过程的规律就是思想政治教育过程发展中一切主要方面和主要阶段的本质联系以及发展趋势。这种内在的本质联系和发展趋势是由思想政治教育过程所包含的要素及其矛盾所构成的，体现了思想政治教育过程中各种要素矛盾运动的特点及其相互关系。规律是客观存在的，是不以人的意志为转移的，不管人们是否意识到它，它都在起作用。提高思想政治教育工作的水平和有效性，很大程度上取决于教育者对思想政治教育过程规律的认识和把握，能够按客观规律开展教育活动，教育就能取得成效，否则思想政治教育工作不仅不能取得成效，还要受到客观规律的惩罚。

思想政治教育过程的规律是由基本规律和一般规律所组成。基本规律是反映思想政治教育过程本质、矛盾、统揽思想政治教育过程全局性的规律；一般规律则是反映思想政治教育过程的多侧面、多层次的规律。基本规律和一般规律组成思想政治教育过程的规律体系。

（一）思想政治教育过程的基本规律

思想政治教育过程的基本规律是"适应超越律"，即思想政治教育既要适应受教育者现有的思想政治品德发展水平和需求，又要通过教育使其不断实现对现实自我和现实社会的超越，以促进受教育者思想政治品德的发展和社会的发展的规律。

实践是人类所特有的改造世界的方式，思想政治教育作为一种教育的实践活动，是以人自身作为改造的对象，通过对人的思想政治品德的塑造和改造能动地推动人的发展，进而推动社会的发展。因而它是一种在人原有的发展水平基础上不断创造出人的新的素质和发展水平的实践活动，其特质是超越性的。

思想政治教育的这种超越性特质，主要表现为两个方面：其一，是通过思想政治教育，使人超越自身自然属性的限制，克服由人的自然属性所产生的种种本能冲动，使人能够按照人的社会性需求、精神性需求发展自己，使人的生活具有对理想、信念、道德等真、善、美的追求，从而创造人所特有的价值和尊严；其二，通过思想政治教育，使人超越现实的发展水平，它包括人自身思想政治品德的现实发展水平和人所处的社会环境的现实发展水平。人生活在现实社会中，必然要接受先于他而存在的社会环境的规约，人的思想行为的形成发展无不打上社会环境的烙印。但是另一方面，人作为实践的主体，对自身的发展和现实的社会环境具有能动的反作用。现实社会环境仅仅是人所生存的一种实然世界，而人所具有的社会性、精神性发展需求，决定了人不会满足于实然世界。人的生活更是一种事关意义性的生活，在这个意义世界中，饱含着人对理想生活的向往和追求，也即构成了人对应然性的追求，人的发展就是人的实然和应然的矛盾运动。思想政治教育正是通过坚持人的发展的应然性，通过对人自身发展和所处的现实社会环境的实然性的审视和反思，通过培养人发挥思想政治品德主体性作用，来积极促进人对自身思想政治品德发展的现实水平的超越和人对现实社会环境的超越，并通过这种超越，不断推动人的发展和社会的发展。

思想政治教育过程的超越性特质在具体的教育活动实践中，必须以适应性为前提，即教育者的教育活动首先应从教育对象思想政治品德和生理、心理发展的实际水平和需求出发，遵循教育对象思想政治品德形成、发展规律和生理、心理形成发展规律实施教育，教育才有针对性、可行性和有效性。在兼顾适应性的基础上，教育者要积极引导教育对象追求进步，循序渐进，不断提高发展层次和水平。

适应超越性是适应与超越的辩证统一。适应是超越的前提条件和出发点，超越是适应的目的和归宿。适应是为了超越，超越要从适应出发。教育若仅仅停留在适应的基础上便不成其为教育，教育若一味地强调超越而不顾及适应便缺少可行性，两者必须有机地统一。

（二）思想政治教育过程的一般规律

1. 双向互动律

双向互动律即教育者与受教育者在思想政治教育过程中是一种双向活动，两者相互影响、相互促进、相辅相成。

在思想政治教育过程中，教育者与受教育者都是具有主体能动性的人，教育者具有主导作用，受教育者具有能动反作用，教育过程是建立在两者的相互作用基础之上的，任何一方的作用都会引起另一方的反应。从这个意义上说，教育过程也是教育者和受教育这两者关系不断协调和影响互动的过程，只是在这个过程中，两者的地位和作用有所不同。

教育者始终处于主导地位，对教育过程的实施起支配作用，对教育过程的存在和发展具有决定性的意义。任何一个教育过程都是由教育者主动发起、组织和实施的，教育者如果放弃了对受教育者施加教育影响，也就不成其为教育者，同时也就无所谓思想政治教育过程了。

教育者对受教育者的这种主导地位和作用是由社会发展的客观要求和自身的社会角色所决定的。首先，社会发展是永无止境的，人们认识世界、改造世界的实践也是永无止境的。社会的发展要求人们的思想行为要不断地与时俱进，这就决定了教育者要把代表社会发展所要求的思想体系、政治观点、道德规范传递到社会全体成员，变成社会全体成员思想行为的准则。教育作为社会传承和创新的一种手段、途径和方式，这个历史任务就客观地落到了教育者肩上。教育者必须履行自己的责任，对受教育者主动施加教育影响，使受教育者的发展符合社会发展的要求，从而能够获得自身更好的发展。其次，教育者的社会角色担负着传递教育信息的任务。教育是一种培养人的活动，教育者是人类灵魂的工程师，担负着塑造受教育者的思想政治品德，培养他们成为可以提供一定社会服务的新人的重任。教育活动的性质决定了教育者必须在教育活动中把社会要求的教育消息传递给受教育者，积极地促进受教育者的思想矛盾运动，使受教育者健康地发展。

在思想政治教育过程中，教育者的施教虽然起主导作用，但是受教育者在接受教育影响时，也不是消极地、被动地接受，而是对教育者的施教具有能动的反作用。教育者所施加的教育影响必须得到受教育者的好感、认同，才能激发受教育者的主动性、积极性，接受施教的影响。因此，在教育过程中，教育者的施教必须建立在对受教育者的全面了解基础上，重在启发自觉，引导受教育者实现自我教育，主动开展思想斗争，实现思想矛盾的转化，形成正确的思想政治品德。所以说，在教育过程中，受教育者接受教育的主动性和积极性才是衡量教育者主导作用的标准，而受教育者思想政治品德发展的水平则是评价教育者施教效果的唯一尺度。

思想政治教育过程是教育者的施教和受教育者的受教相互认知、结合的过程，也是教育者的教育影响和受教育者的自我教育互相依存、相互作用的过程。

在这一过程中，教育者的积极施教固然是必不可少的，而受教育者的受教的认知程度和进行自我教育的自觉性，对于思想政治教育的效果也必定会发生重大影响。

2. 协调控制律

协调控制律即思想政治教育过程要协调控制各种影响因素，使教育的影响发挥主导作用和有效影响力。

思想政治教育过程的开展是一个受到现实社会中多因素、多变数影响的复杂过程，教育者、受教育者、教育内容和方法、教育环境等基本要素在动态的教育过程中相互影响、相互作用，产生错综复杂的关系。思想政治教育过程要有效实现教育目标，取得过程的最优化，就必须对各种各样的影响因素进行自觉调控，控制和抵制自发的、消极的影响，发掘和强化自觉的、积极的影响，使教育的影响发挥主导作用和有效影响力。

思想政治教育要与社会发展相协调。思想政治教育过程是社会培养人才系统工程的一部分，就其社会价值而言，是为社会培养一代社会新人。社会的发展对人才的培养会不断提出新的培养规格和素质要求，思想政治教育对人才培养的目标要求必须与社会发展的总方向、总目标相一致，才能实现思想政治教育的社会价值。因此，思想政治教育过程要及时了解不断变化着的社会环境，正确把握社会发展的需要和趋势，根据社会发展的要求确立思想政治教育的人才培养目标。

思想政治教育要与社会影响、家庭影响相协调。教育者和受教育者都是人，人的思想是社会存在的反映。社会的物质生活条件，尤其是物质资料的生产方式对人的思想行为的形成、发展具有决定性的作用。社会的精神生活，特别是社会的政治制度、大众传媒，对人的思想行为也起着直接的重要作用。思想政治教育过程中，教育者有目的地施加的影响是社会总生活过程中的一种特殊的教育形式。但是，受教育者个体成长所接受的影响远远超过有目的地施加的教育影响过程的影响范围，而且教育对象在接受教育过程影响时，总是已经接受和正在接受来自社会、家庭等其他方面的各种影响，这种影响具有强烈的独立性和渗透性，思想政治教育过程要完全避免这种社会和家庭的影响是不可能的。从这个意义上说，思想政治教育过程只能开发和利用社会、家庭影响中的积极因素，控制和消解社会、家庭影响中的消极、自发因素，有效地增强受教育者辨别能力、抗干扰的能力，使教育的影响和社会、家庭的影响在作用的方向上保持一致性，形成教育合力，并且在社会、家庭影响中，始终保持思想政治教育过程稳定的最佳状态，发挥教育者施加的教育影响的积极作用。

思想政治教育要与自身的教育内容体系、教育进度体系相协调。思想政治教育的内容体系包含思想教育、政治教育、道德教育和心理健康教育等。这些内容之间具有紧密相连性，其中，思想教育是根本，政治教育是主导，道德教育是基础，心理健康教育是保障。从人的生理、心理和思想形成发展过程而言，一般是从道德教育、心理健康教育起步，而后进行思想教育和政治教育，并逐步提高思想教育、政治教育、道德教育和心理健康教育的层次性。教育的进度体系是指思想政治教育要保持循序渐进性和前后连贯性。要遵循受教育者生理、心理和思想形成发展的规律，从受教育者当下所处的思想政治品德发展水平出发，确定教育的目标要求，由浅入深、由近及远、由低向高地逐步提高，要杜绝儿童教育成人化和成人教育简单化的弊端，尤其要杜绝教育要求的前后不一，甚至相互矛盾的错误出现。

思想政治教育过程是由简单到复杂、由低级到高级的发展过程。思想政治教育过程总是在现有的基础上，巩固和提高已有的教育成果，向更高阶段、更高水平的教育过程发展。

第七章 不同背景下的思想政治教育

第一节 新媒体背景下的思想政治教育

一、新媒体的概述

（一）新媒体的含义

“新媒体”是对媒体发展的一次创新和改革，范围广、内容全、内涵丰富，是媒体发展与网络技术相结合的产物，实现了人人参与到媒体中来的质的飞跃。所谓的新媒体，就是借助全新的互联网信息技术手段，给用户带来多样化的信息数据资源。如今，新媒体已经成为我们生活当中的一部分，人们普遍认同新媒体是一种全新的传播媒介，它借助信息、网络和数字技术，依靠移动和网络设备，向受众传递信息，提供各式各样的生活需求及服务。

新媒体以网络信息技术和通信技术的发展为基础，快速汇集、关联、组合各种信息，以多样的表现方式传达给受众，满足多样性需求。新媒体是不断发展的媒体，是对自己的不断更新，以满足需求为己任，多元、丰富、人性化的信息内容融入受众的生活之中，受众更愿意成为信息的主人，使信息在新媒体的传播效力远远高于传统媒体。新媒体是一个相对的概念，新媒体的“新”是与传统媒体相比较而言的，是对媒体的不断丰富和发展，丰富了传媒的传播渠道和方式。新媒体既可以运用网络技术，借助移动智能终端，实现人人可以参与到媒体的产生、传播和成果共享中来；也可以依靠网络传输为载体、移动智能手机为终端，以受众最常见的新兴媒体软件为代表，实现及时、互动、便捷等新媒体的基本功能。

（二）新媒体的特点

随着网络的发展及手机的普及，新媒体深入我们的生活，相对于其他媒体，新媒体以其互动性、开放性、即时性、草根性的特点在众多媒体中后起，并越来越深入我们的生活和学习中来。

1. **互动性**

新媒体是众多媒体的融合，便于阅读与互动，信息交流不再是单纯的文字和图片，还包括音频、视频等；信息交流不再是“留言等回复”。各方参与其中表达对某一些信息的看法，既有官方答复，又有普通受众参与，提高了交流的互动性。以微信为例，最直白的便是即时沟通，不仅可以语言和文字沟通，还增加了视频、语音，受众可以通过微信“面对面”地进行互动；同时，微信还可以进行表情包的发送，用幽默的方式进行交流；微信公众号的推广，可以将自己或者官方的信息、观点等以链接的形式进行传播，方便随时随地进行查阅，拓宽了互动的渠道；微信近些年推出的小程序功能，简化了众多程序并存的局面，方便了受众一键查询，其中以国务院小程序为例，受众不再需要各方寻找渠道进行表述，通过小程序里相关功能即可表达己意，增强了互动的便利性。综上，以微信为代表的新媒体，方便了受众可以随时随地随心地进行线上互动，满足了人们对于媒体的基本功能。

2. **开放性**

与普通媒体相比，新媒体不再受官方和其他媒体的影响，人人都可以是信息传播的对象和主体，人人都可以成为媒体传播的中心，成为信息的主角，更可以自主进行信息选择和信息判断。以微博为例，各大官方媒体入驻微博，受众不再一味地接受信息，官方不再苦于收集信息的方式，利用手机进行文字编辑，点击一键发送，自己的想法便可以表达出来，点赞及回复功能让有相似看法的人聚集在一起，开放式的信息表达增强了信息的传播，普通群众也可以通过微博分享自己的身边事，尤其是可以通过某个热点话题的参与，与素未谋面的网友交换观点。开放式的网络环境，自由的分享方式，让信息真正可以从受众中来，让普通受众增强了网络的参与感，从而更愿意参与到网络生活中来。简而言之，以微博为代表的新媒体具有广泛的开放性，让受众真正地在开放的网络环境中各抒己见，体现了网络信息时代新媒体发挥的作用。

3. **即时性**

新媒体同传统媒体不同，不再是今日新闻明日才见诸报端，或者是新闻消息编辑之后才展现在受众面前，它突破了时空的界限，通过网络，借助移动电子设备，即时向受众传递信息。受众不再需要用整段时间进行信息阅读，而是可以有效地利用碎片化时间进行阅读和学习，提高了信息时效性。以微博为例，受众只需要安装微博一个软件，无须关注任何账号，时事新闻便以“热搜榜”或者“要闻榜”的形式传递给受众，既有受众喜闻乐见的娱乐新闻，也有关注社会民生的政事，榜单实时更新，使更多新闻可以短时间迅速传递在普通受众之中，并通过转发和分享的方式传递给亲朋好友，大大提高了消息传播的时效性，使普通受众参与到新闻的传递和传播中来。由此可见，以微博为代表的新媒体，借助电子设备，借助普通受众的碎片化阅读时间，将新闻信息更加有效地传播出去，体现了新媒体的即时性特点。

4. **草根性**

新媒体可以实现人人参与，草根性是新媒体相较于传统媒体的特点之一。人人都可以参与融入新媒体中来，人人都有机会成为新媒体的传播主体，新媒体不再更高地要求新闻信息传播者的学识身份和理论水平，人人平等，人人开放。以抖音短视频为例，更多普通受众参与到短视频的制作和拍摄中来，既有生活和工作中的琐事分享，也有官方信息的编辑分享；小到洗衣做饭，大到阅兵授奖，短短几十秒可以分享很多。“网红”便是其发展的衍生物，普通受众通过在抖音平台拍摄、编辑、分享短视频，其他受众通过阅览相应视频，久而久之，有趣视频或者是受众较喜爱的视频从中脱颖而出，其拍摄者便能从普通拍摄者变为“网络红人”，增加了阅读率的同时也带来了一定的经济效益，从而带动更多的人参与到短视频的拍摄中来。可以见得，以抖音短视频为代表的新媒体中，以简单的视频拍摄方式，吸引普通受众参与到其中，人人都可以从草根百姓变为家喻户晓的知名人物，人们从受众变为主体，吸引了更多的人参与到新媒体。由此可以得出，从新媒体的特点中，我们可以清楚地对新媒体进行全面的认知，方便我们从中获得学生关注的新闻事件和热点信息，为思想政治教育拓宽了素材渠道的同时，也方便了思想政治教育更好地运用新媒体技术进行教学。

(三) 新媒体的分类

1. 社交媒体

社交媒体主要是以微信、微博为代表的社交软件。在当今快速的生活中，社交媒体借助移动设备和网络，用最短的时间将众多的信息传达给受众，将时间碎片化的同时具有强大的传播力。社交媒体以微、短著称，同时方法多样，选择丰富，准入门槛低，是新媒体最典型的代表。

微信现在可以说是人人必备，是下载量最高的超级软件，用户最多、市场占有率最高，融合文字、语音、视频等基础社交方式，很大程度地满足了受众的社交需要。微信以人际的社会圈式传播为基础，依靠移动终端，进行信息的沟通和交流，具有便捷的属性，值得一提的是，随着微信功能的不断完善，如今的微信拓展了实用领域，使之集查找、搜索等众多生活模式于一体。

微博是新媒体发展到巅峰的重要代表，信息交流互动不再受朋友圈的局限，实时更新的微博热搜榜更是将新媒体的即时性体现得淋漓尽致。微博信息的浏览、众多受众的参与，使微博成为双向传播的典型代表，用户对信息运用的最大化和传播的流动化，冲击着传统媒体的传播方式。

在思想政治教育教学中，以微信、微博为代表的社交新媒体，是最广泛运用的新媒体，快速、便捷的方式，多样、多类的内容拓宽了思想政治课教育的时空界限，丰富了内容的选择。

2. 云媒体

云媒体是云计算的引申，是指运用云计算，以互联网为基础的一种新媒体，是当今信息和数字社会发展的集大成者，它运用比喻的方式，将网络信息内容多样化、互动化，使之选择便捷，更符合个人特点。云技术在思想政治教育上最大的运用是“云课堂”“雨课堂”和“云书籍”等方面。

一是云课堂、雨课堂。云课堂通过购买服务，将课程资源化，精品的课程让受众尤其是学生可以享受到高品质的学习内容，它突破了时间、空间的限制，将互动学习变为可能。雨课堂是通过共同在线学习，让学生可以与更多课堂进行沟通，学习时间更灵活，更易自主进行学习；同时在预习、课堂中提供技术支持；

丰富的课堂形式，使得学习在互动的氛围中进行。

二是云书籍的网络化发展。它突破了纸制发行的界限，客户端订阅、下载、阅读，一气呵成，发行方便，发行量由受众自行选择，将阅读与传播相结合，同时网络可以随时阅读分享，增强了知识的积累和深度交流，成为沟通的新方式。普通学生通过网络便可以搜索到阅读书目，不必再等时间去查阅，满足了学生对知识的碎片化需求，接受度更高。同时，云媒体还包括淘宝、京东购物、新闻客户端等广泛运用云技术而进行用户分析、推送的新媒体。

云媒体是聚集、共享的网络模式，本地进行简单操作和选择，云媒体便可以运用云技术向用户提供以用户为中心和主导的信息，信息的双向验证使得云媒体学校思想政治教育中新媒体运用研究的选择更具完整性。在思想政治教育中，教师根据学生的实际状况进行云课程的选择，云技术在进行分析后，推送的课程便更符合学生的实际状况，同时根据学生日常对云书籍的阅读，云媒体进行跟踪反馈，思想政治课教师便可以根据实际情况，了解学生的知识需求。云媒体运用云技术，帮助思想政治课进行个性化选择和筛选，是当今思想政治课教师可以广泛运用的新媒体。

3. 视频媒体

视频新媒体是伴随着网络的普及和提速而产生的，视频媒体分为短视频和长视频两类。短视频以抖音、快手为代表；长视频主要以直播视频为主，以钉钉、腾讯直播为代表。近几年来视频新媒体快速兴起，迅速占领新媒体的半壁江山。

以抖音为代表的短视频以简短为特征，15 秒的视频剪辑，分享身边事，受众从新媒体的接受者变为使用者，各种网红从中诞生；抖音的出现弥补了受众对于文字和图片的不满足状态，在闲暇时的观看和推送，将日常生活视频化，观看式的交流方式更加通俗、简便，同时也让更多普通人参与其中，是新媒体趣味化的代表。

近些年来，各类直播软件的发展，极大程度地满足了受众对于长视频的需求，较为成熟的是钉钉直播，操作简单、便捷、页面选项丰富，在疫情防控期间，线上教学中钉钉直播发挥了重要的作用，既可以与普通人进行线上的交流，也可以进行专业性的视频交流，正规性的直播方式满足了多选择、多时空的功能。

随着网络的不断普及，近些年来，官方媒体不断进驻短视频平台，一改官方严肃的形象，可以更好地进行宣传，思想政治课教学中的视频内容也逐渐从抖音短视频中来，学生乐于接受的视频内容增加了思想政治课的欢迎度；同时，钉钉直播的运用，使得停课不停学成为可能，让思想政治教育走进家中。

除了社交媒体、云媒体和视频媒体之外，MBA 百科中新媒体的分类还包括娱乐媒体、电视数字媒体和户外媒体等思想政治课教育较少涉及的新媒体。从新媒体的分类可以看出，新媒体交互性强，个性化的媒体功能突出，信息依靠新媒体这一极具特色的介质进行传播，增强了新媒体受众的选择性，吸引了越来越多的人参与到新媒体的传播中来。从新媒体的含义、特点和分类中，可以清晰地看到新媒体的优势，思想政治课可以运用新媒体的这些优势丰富教学内容，拓宽教学渠道，营造更富有亲和力的思想政治课氛围。

二、新媒体教学对思想政治教育的重要意义

信息时代的到来，使教育事业的发展享受到了极大的便利。在新媒体背景下，信息传播的范围越来越广泛，传播速度也越来越快捷，传播的方式更是多种多样。近年来，多媒体教学的流行也使教学事业有了一个大的突破。在思政教学方面，多媒体教学可以通过视频教学将与思政相关的资料得以展示，让学生直观地感受到思政内容，使教学充满趣味性。相对于传统教学，新媒体教学的信息种类齐全，具有检索快捷性，教师通过网络媒体的检索功能，能够快速获取自己所需要的内容，包括相关的教学内容和资料等，为自己提供了很大的方便。同时，教师还可以根据教学内容，利用各类教学软件，制作出包括文本、图片、视频等信息为一体的高质量课件，使学生在个性化的思政教学过程中通过感知对学习的内容有所感悟。多媒体教学为学生的思政教育提供了一种新型的教学方式。另外，新媒体还为学生提供了大量的信息交流平台，使学生不受时间与空间的限制，在网络平台上自由发表自己的观点和看法，一方面有利于学生展示自己的内心世界，另一方面也在这个过程中促进了他们性格的形成，使他们在成长过程中树立了正确的思想观念。对于新媒体的出现，我们要辩证看待，发挥其有益成分，避免新媒体可能出现的不良影响。首先要加强学生的新媒体素质教育和自我教育，让学生学会辨别信息，有效地选择信息，充分利用新媒体客观认识社会，

完善自身的思想政治建设。学校要根据新媒体的特点以及学生的心理特征，将思想政治建设的内容转化为一种符合学生的、易于学生接受的内容形式，有意识、有针对性地培养学生的思想政治观念，发挥在学生思政建设过程中的指导作用，及时纠正学生的消极观念和不良行为。同时，要落实与学生的课下交流反馈工作，建立与学生沟通交流的平台，通过这个平台，了解学生在思政教育过程中存在的问题，并做相应的指导，与学生进行心理上的沟通，成为他们成长道路上的引路人。

三、新媒体技术在思想政治教育教学中的应用

在这个以“科教兴国、人才强国”为发展战略的社会主义政治经济体制下，培养全面发展的综合型人才是教育面临的一大挑战。在新媒体技术的支持下，思政教育实现了理论与实践的有机结合。新媒体具有信息量大、资源类型丰富、传播速度快的特点，它不受时间与空间的限制，不仅为思政教育提供了更多丰富的内容，也扩大了思政教育的平台。与传统课堂单一教学模式不同，新媒体教育多元化的教学方式使学生能够随时随地接受思想政治教育，灵活性比较高，学生可以通过网络、手机等载体进行学习。学习方法也变得多种多样，学生可以通过网络、论坛等平台解决在思政学习过程中遇到的各种问题。尤其是论坛的使用，可以借助这个平台与同龄人或者有经验的长者进行讨论，获取有用的信息，新媒体的优越性满足了学生对知识的渴求，成为新时代具有创新性的教学方式。在课外的学习过程中，新媒体教育发挥着主流作用。学生可以通过网络，了解更多有关思想政治教育的新闻，并能够利用网络发展自己的兴趣爱好，扩充知识面，提高对社会、对国家的认识。教师也可通过网络了解到学生内心的真实想法，从而根据青少年这些心理特点，改变自己的教学方式，有针对性地对学生进行思政教育，增加课堂的趣味性，多谈一些学生普遍感兴趣的与思政相关的热点话题，提高思想政治教育的实效性。对学生而言，在新媒体背景下，他们可以充分利用多媒体资源，增强学习的主动性，自觉地接受思想政治教育，不断完善自我，积极参与社会政治实践。学生通过新媒体准确地获取了自己所需的信息，并针对自身的实际问题找到解决的办法，这样的心路历程对于他们形成正确的世界观、人生观、价值观有一定的推动作用。思政教育引领着青少年的思想发展方向，有着具

体的导向作用，因此要根据学生的发展不断进行调整完善，有效地达到教育目的。新媒体的出现，既是机遇，又是挑战，利用得当，能够对学生的学习、成长起到促进作用，而一些学生对新媒体的不合理使用，则会带来很多负面影响。在科技发展迅速的今天，一些新媒体软件的出现，如微信、微博、QQ 等，在学生中广泛使用，一方面拓宽了学生获取信息、交流信息的途径；另一方面也导致一些学生过分依赖网络，甚至沉迷于大型网络游戏中无法自拔，给他们的身心健康发展带来了不利影响。网络是把双刃剑，在使用的过程中，一定要引导学生认识到网络的利弊，使他们在学习过程中充分利用网络的有利条件达到学习目的，使新媒体成为我们发展中的技术支持。

第二节　“互联网+”背景下的思想政治教育

一、“互联网+”的概述

（一）“互联网+”的特征

“互联网+”与互联网概念从本质上来说大致相同，两者除了具有时间空间上的不限制、多资源整合等传统特点以外，前者还具有如下特征：

1. **跨界融合**

“互联网+”不同于以往双向互动或者连接方式，它是融合了各行各业与之产生联系并与其协同发展。“互联网+”具有一种力量，能够推动社会各部门、各行业通过融合发展开辟一条全新道路，为此，在学校思想政治教育方法的创新发展上，我们可以通过“互联网+”万物互联的特性与其他学科进行融合发展，从而发挥合力，同向同行。

2. **共同共享**

“互联网+”是一种存在于每个人之间的联系网。现代社会生活中我们似乎已经离不开互联网了，它已经变成了我们生活的一个部分。不管是出行、吃饭、购物甚至是生活用品等都已经处于共享经济中了。那么运用于学生思想政治教育中也是需要一个共同共享的理念，不仅拓宽了思想政治教育渠道，也让其成为学生乐于接受的互联网式的教育方式。

3. 尊重人性

“互联网+”的巨大的网格背后，每个人都是平等的存在，不因社会身份的不同而产生阶级上的差距，并且都可以自由地表达出自己的观点。这是“互联网+”的独特特征，同时也符合学生群体对思想政治教育的诉求特征。传统的老师自上而下地向学生灌输知识的模式，似乎已经不适应现阶段的学生学习方式。

4. 创新驱动

新时代之所以被称为“互联网+”的时代，是因为每一个巨大发展的节点都有其全面创新的点。不再是单纯地聊天、查阅资料、购物等单一行为方式的互联网，已经因为创新驱动方法发展成了改变人们生活生产方式的重要因素。从环境层面讲，“互联网+”已经在点面线上全面创新了生活方式。从要素层面讲，“互联网+”创造出了新的认知、新的需求。

(二)“互联网+”的教学方式

1. 资源整合

用于思想政治教育的相关内容很多，这些资源在互联网上比比皆是。学校思想政治教育在网络思维的冲击下，必须向多元化方向发展。因此，挖掘优质的资源、方法势在必行。首先，要竭尽全力，挖掘一切可以挖掘的教育资源，丰富思想政治教育内容；其次，要正确整合、分析、处理这些资源。比如在课堂教学时，只是依靠单纯的教学课程知识讲授与教学课本知识的输入，难以达到良好的教书育人教学效果，而通过网络搜索，挖掘与课程内容相关的各种教育资源、信息资料，经过加工整理后，在课堂上积极地进行综合性教学，不但可以丰富学生思想政治素质教育的内容，还可以提高广大学生自主学习的参与度，激发广大学生的学习积极性。

“互联网+”时代的到来，有利于充分发挥在线开展思想政治宣传活动，提高思想政治理论教育的宣传效果。如设置本校专门的教育微博、微信公众号等，打造优质的教育网络平台，提升学生思想政治理论在线教育教学实效性。此外，在各类智能终端应用程序不断出现的情况下，学校思想政治教育也可以针对应用程序进行专门设计开发，并将一些学生的网络实践与应用程序相关联，这样就可以将创新实践教育渗透到思想政治教育中，最大限度地发挥思想政治教育的实效性。

2. 沉浸式体验

虚拟现实技术（Virtual Reality，VR）、增强现实技术（Augmented Reality，AR）等虚拟智能提供了沉浸式体验，通过营造氛围让参与者享受某种状态，使用户有一种身临其境的感觉。网络思想政治教育，既是教学形式，又是教育内容，既是教育手段，更是教育目的。要想实现内容与形式的统一、手段与目的的统一，就要运用“互联网+”的学习优势、教育特征，坚持以中国特色社会主义思想为核心内容，加强教育选题设置和教育内容的资源提供，建设思想政治教育虚拟仿真实践平台，加强网络思想教育过程的资源整合利用、技术支持和协作创新，加强虚拟网络仿真教育，重视思想政治教育的沉浸式体验教学。

“互联网+”条件下学校思想政治教育的沉浸式体验学习还可以结合模范事迹和英雄精神展开。以模范人物、英雄事迹为依托，建设相应的虚拟仿真实验课程讲述典型人物事迹，沉浸体验故事情境，通过模范示范法来达到思想政治教育的目的。

3. 注重线上和线下的配合

线上思想政治和线下思想政治的完美配合，才能让思想政治教育更上一层楼，让线上和线下变成“你就是我，我就是你”的完美状态，方能体现出全程育人和全方位育人的特点。一方面，学校应在顶层设计上考虑线上和线下活动的相辅相成关系，如，活动的海选可以采用网络的形式，活动的评选也可以采用网络投票等。另一方面，线上和线下在时间的配合关系，如学校可以开展“党建思想政治进宿舍”、学生“三走”活动、“艺术党建进社区”等品牌活动，有效地扩展了传统思想政治阵地，也为“微思想政治”降低了压力，从而实现了全方位育人的理念。传统的思想政治教育和“微思想政治”教育都十分重要，需要两者的相辅相成、共同努力才能做好思想政治工作。

二、"互联网+"对思想政治教育的影响

（一）教育理念的开放性

任何教育理念都不是凭空产生的，都有一定的现实基础。互联网的发展使得学生获取信息的渠道拓宽了、速度提升了，诸多信息摆脱了传统信息传播阶段的垄断现象，学生能够自主选择信息和知识，而不是被迫接受。传统的教学时空限制与校际隔阂被彻底打破，学校间的"围墙"正在逐渐消失。教育过程既要有启动环节也要有跟踪反馈，既要有效果自评也要有效果他评，不能教育者一个人自弹自唱"独角戏"。

（二）教育主客体的平等性

在传统思想政治教育课堂中，思想政治课教师以单向思维模式掌控着整个教育过程，按照其既定的教育方式和教育内容，对学生进行信息传递和价值灌输。这种一元教育格局在信息闭塞、教育资料单一的时期收到了较好的效果。"互联网+"时代，信息的生产、传播、获取方式跟之前已经大不相同，发展迅猛的科学技术和多样的学习媒介使得学生突破时间和空间的限制，实现自主学习。

面对互联网上即时生产的层出不穷的信息，学生和教育者都是平等的接收者，甚至部分具有超前学习意识的学生，其通过互联网所得到的知识储备比教育者还要多。互联网打破了教育者在资源方面的权威性和地位的中心性，缩小了教育者和受教育者的知识差距，为二者平等交流提供了可能。地位的平等让教育者获得更多尊重，也让受教育者更好地吐露心声，内心的诉求及时得到关切和回应。

互联网的发展使得学生有困难可以和老师线上沟通交流，在这里创造了师生平等的空间，学生获得了充分的话语权，也促进了师生教育观念的双向互动交流，随时随地进行信息共享和情感宣泄。

（三）教育内容的多元性

当今时代，互联网当之无愧地成为全世界信息传播最大、最快的平台，网络

信息资源多元多变、形式多样、快速无界，使思想政治教育的内容从封闭逐渐走向开放。这满足了学生的知识延展、个性张扬、兴趣培养。但是随着信息数量的剧增、流速的加快，不可避免地出现了信息泛滥、良莠不齐的现象，对学校思想政治教育提出了更大的挑战。

“互联网+”不再囿于固化的课本知识，突破了传统教学内容的有限性和被动性，学生可以在获取最新的信息资源后，对突发热点新闻事件等进行实时的讨论，不再受到课堂固定设置的内容的局限。这极大地提高了学生的学习热情和主动性。

学校使用大数据云技术平台，将纷繁复杂的教学资源、教学教务、教研课改、校园安全等校内日常应用转变为智能化、个性化、多终端兼容性应用，能够使用户获得更好的体验，云平台给广大学子提供了一个包容性的学习平台。数字化的线上学习平台、微课等网络课程阵地，使教学延伸至课堂之外，实现师生线上线下随时互动，使思想政治教育课堂活跃起来。

（四）教育方式的丰富性

“互联网+”教育的崛起改变了这种机械式的灌输方式。教师可以通过慕课、微课、教育 APP、云课堂教学等多样化的方式，深度整合教育资源。而网络中的教学数据可以帮助思想政治课教师更好地了解学生的态度、认真程度、理论学习情况，从而因材施教。

（五）教育反馈的及时性

四通八达的网络在教育者和学生之间架起了互动的“桥梁”，教育者利用大数据、云计算、人工智能等技术手段，通过网上数据分析，可以快捷正确地把握学生的最新思想动态、心理困惑和行为特点，从而及时与学生交流信息沟通思想，解答心理困惑，改变不良行为，建立和谐亲密的师生关系。此外，微博、微信、QQ 等软件为加强师生的了解提供了媒介，拉近了师生的距离，有助于教育者实时跟踪学生思想变化、情感痛点、行为表现，有助于快速、全面地观察，有前瞻性地做好思想政治教育工作。

第三节 社交媒体对思想政治教育的影响

一、微博与学生思想政治教育

（一）微博的概述

微博以其自身的特性、强大的用户规模和飞速扩张的影响力日益成为重要的社交媒体。随着学生微博用户的增多，微博的正负两面性的影响也日益凸显。应用微博进行学校思想政治教育必须充分发挥微博在信息方面的优势，克服其消极作用。应当从提升学生的“网络素养”、弘扬“主旋律”教育、加强教育者的微博教育思维、增强教育者与学生的沟通交流意识、加强微博领袖的作用和加强微博法制建设等多方面，探索出应用微博开展思想政治教育的对策。

微博，是“微型博客”的简称，是一个基于数字通信技术和用户关系构建的信息分享、传播和获取的广播式社交网络平台。微博作为一种新兴的、为年轻人广为接受的网络科技社交工具，具有平台多元化、内容碎片化、注重个体性、多媒体性、交往对象互动重叠性、与其他网络工具对接性等特点。

第一，微博接入平台可以是电脑浏览器或者移动终端，方便用户在一天中的任意空闲时间，哪怕是吃饭时、等候或者途中都能进行微博浏览和更新；第二，除了“长微博”以外，一条微博最多 140 个汉字，“微”的特点使得其表达效果不求全面，甚至不求语法的通顺，只求表达，哪怕是一个字或一个词，这种特性与当今受众的碎片化的人际交流心理需求正好契合，这种表达方式特别适合表达内心感受或者生活某一细节；第三，微博能够发布的不仅仅是 140 个字的文字，微博还有独具特色的图片、视频等处理功能，多媒体性可以让用户更加直观地发布或接收信息；第四，微博因为其特有的“关注”功能，使用户可以进入一个又一个嵌套式交往圈，比如一个用户关注了另一个用户，就可以随之关注他的朋友、朋友的朋友，这种互动重叠的交往方式是人们在现实中交往很难实现的；第五，对于有其他上网习惯的网民，微博可以实现网民与自己以往上网工具的对接，比如很多论坛、网页上都添加了“分享到微博”按钮，微博可以实现与多种网络工具的对接。

（二）微博开展思想政治教育应坚持的原则

1. 坚持微博思想政治教育正确的政治方向

思想政治教育工作者在使用微博时，往往要突出自身“教育者”的微博人格，弱化自己“普通微博用户”的微博人格，保证其微博的政治方向绝对正确。思想政治教育工作者要具有对微博言论和微博舆情的基本判断能力，切忌在微博上意气用事、人云亦云，切忌传播可能是谣言的言论，切忌言论过激，保证学生看到的思想政治教育者的微博都是政治方向正确的、客观的、正面的、积极的、经得起推敲的言论。

2. 坚持微博思想政治教育与传统思想政治教育相结合的原则

传统思想政治教育不外乎思想政治课教学的课堂教育与辅导员全程思想政治辅导两种主要手段。微博思想政治教育与传统课堂思想政治教育应当是相辅相成的，在应用微博进行学校思想政治教育的同时，不能放松课堂思想政治教育的教学改革，不能厚此薄彼，思想政治教育工作者有义务探寻两种教育渠道的结合点，做到两者相得益彰、齐头并进。同时，要将微博思想政治教育与辅导员工作紧密结合起来，利用微博增加辅导员的亲和力，随时随地关注学生的思想动态，与学生沟通交流。

3. 坚持微博思想政治教育以人为本的原则

科学发展观的核心是以人为本。同样，在学校思想政治教育中也应该坚持以人为本，即坚持以学生为本。马克思主义哲学认为，矛盾的普遍性寓于特殊性之中。作为教育客体的学生有其“00 后”青年一代的共性，也有其每个人特有的个性特征。因此，在运用微博进行思想政治教育时，思想政治教育者除了要有面向所有学生的微博教育言论，还要因材施教，应用微博的私信等功能对个别学生实行单向教育。

4. 坚持微博思想政治教育与其他融媒体教育形式相结合的原则

目前，除了微博以外，微信、抖音、视频号等很多融媒体，各主流官方网络平台同样可以辅助进行思想政治教育活动，如各个学校的官方主页、新华网、人民网等一些官方网页等。思想政治教育工作者可以将多种网络资源结合起来，如将官网上正面的主流的声音转发到微博上，使学生从多种网络平台受到启迪。

二、微信与学生思想政治教育

（一）微信的概述

随着网络信息化技术的日新月异，智能手机越来越普及化、平民化，几乎每个家庭都至少有一台智能手机。可以说，智能手机是新时代背景下人们不可或缺的通信工具，而微信则是众多智能移动通信 APP 的“宠儿”。

1. 微信公众号

通过建立学校官方微信公众号，由专业的教师担任管理者。结合微信的功能与优势，思想政治教师须对传统的思想政治教育内容进行优化，并采用影像、视频等多种学生喜闻乐见的方式对教育内容进行发布，定期向订阅用户推送，引导学生通过关注、订阅微信公众号获取教育信息，初步实现思想政治教育信息在微信平台的发布、获取与共享。思想政治教育的内容是多方面的，为了促进思想政治教育的针对性，学校可以借助微信公众号进行模块化教学，为学生提供多样化的学习选择，提高学生的学习意愿。借助微信公众号设置专门的问答板块，帮助学生有效地解决学业发展、职业规划、心理咨询等问题，在为学生的学习、生活服务的过程中切实贯彻思想政治教育。

2. 微信群

思想政治教师要建立管理有序、良性互动的微信群，通过合理利用微信群的形式定期组织学生就思想政治教育展开讨论交流。还可以在群里通过多种方式为学生进行实时的答疑解惑，有效地解决学生在学习和生活中的困扰，使微信真正成为学生和教师沟通、促进学生发展的良好平台。

（二）微信公众号的创建和利用

1. 组织建设专业团队

对于“微信公众号”的板块建设方面，相关专业团队可以根据现有的微信平台技术，以学校和辅导员的相关工作内容为核心，为学生设立起更加全面的、具有整合性的事务办理信息汇总模块，除此之外，还可以适当增添一些周边学校的相关讲座、学校活动信息、学工工作内容，以及专门的学生问题解决模块。对于内容筛选与编辑，可以由专业团队进行相关思想教育工作的专题信息推送，不断贴近与联系学生的学习生活实际。举个例子，公众号可以针对奖学金获得者荣誉展示、优秀学生工作表现寄语、校内外相关教授名人发布的优秀文章等进行推送，不断丰富微信公众号信息传播的内涵和价值，帮助学生获得更加丰富多样的思想政治教育信息。

2. 优化调整传播策略

辅导员要通过微信公众号来实现更加优质的思想政治教育工作，其中工作效果实现的条件和前提是学生具有较高的参与度和关注度，微信公众号应当吸引更多的学生关注，才能不断实现其功能和作用。因此，需要学校辅导员及相关团队进行微信公众号信息传播和宣传的策略优化调整，培育和提升思想政治教育工作者的品牌推广意识，让学生能够更加充分地了解到学校的新媒体教育思路，使微信公众号能够获得学生的广泛支持和关注，不断增强学生的阅读学习参与度，为学生能够在微信公众号中进行更加强化的思想政治教育创造条件、奠定基础。辅导员和相关教育团队可以从优化推广方法入手，不断选择和寻找更加符合学生实际需求的方式来进行微信公众号的宣传。举个例子，在进行学校迎新时，面对新生可以加强对微信公众号的宣传，呼吁学生进行相关平台的关注，并且告知学生各类活动将通过平台进行，同时建立更加丰富的活动类型与平台相关联，拉近学生与平台工作的距离。通过此种主要手段能够不断保障平台的活跃程度，提高学生的参与和关注度。除此之外，还可以根据各种文艺、宣传、体育竞技、相关比赛等活动在微信公众号设置投票环节，增强微信公众号的存在感和参与感，不断增加学生的兴趣点，推动学生进行主动的分享和传播，以此来获得更多的学生关注，推动微信公众号的思想政治教育能够更好的实现。

除此之外，微信公众号作为信息传播的重要媒介，微信社群作为能在短时间内进行快速传播的工具，将其应用于学校思想政治教育的过程中，需要注重对学生的思想引导。学校思想政治教师在利用微信平台进行思想政治教育时，其传播的内容必须抓住思想政治教育的重点，有针对性地向学生输送优质的学习内容，在向学生传授知识的同时注重引导学生对海量的信息进行正确的研判。使学生通过学习能够自觉坚持正确的政治立场，以辩证的思维看待人物、事件，对所接触的事件进行尽可能客观的分析和评论。帮助学生树立正确的世界观、人生观和价值观，促进思想政治教育工作的顺利开展，使学生能够自觉抵制不良思想的侵蚀。

3. 保障推送时效质量

在当今的互联网时代，信息的传播速度与其中包含的信息量较大，学生会在日常生活中面临各式各样的网络信息传播和推广，因此学生的浏览注意力会呈现出碎片化的趋势，学生在进行网络信息浏览时视线会被分散。在信息量繁多的网络平台中，学生进行浏览时会呈现出浏览迅速等特点，但学生会根据自身所感兴趣的相关内容进行重点查阅，比如一些娱乐信息、游戏项目等，而对于一些具有教育性质的文章学生不会进行过多的关注，这将不利于辅导员通过微信公众号对学生的思想政治教育，会降低信息生命力。因此，要实现新媒体思想政治教育质量的提升，应当充分保障推送时效和推送信息的质量，提高信息中的趣味性和有效性，尽量避免内容信息过载。

第一，在推送时间上，应当选择更加符合学生阅读实际需求的时间段，比如在晚上 11 点是学生进行网络浏览和阅读的黄金时间。辅导员和相关团队进行信息内容的发布时应当做到及时、准确，不断保障和提升信息的实效性。

第二，在推送契机上，应当在重大节日、纪念日，如五四青年节、雷锋纪念日等具有教育性意义的重要节日之前进行推送内容的提前设置，要做到能够准确及时地发布相关信息，不断迎合和适应节日氛围，做好主题教育的相关工作。

第三，在阶段安排上，相关团队应当根据学生每天、每学期的相关需求，以及思想认识变化发展进行调研，根据学生的学习生活发展需求，向学生推送一些具有更高价值量的信息。

4. 创设分步推进的发展版图

辅导员微信公众号的建设非一日之功，应当结合辅导员自身职业能力发展进行分步培养。

(1) 培养基础性能力

主要是通过笔试入围、面试选拔、拟聘前培训、聘任后反复实践，以及后期的定期不定期考核，使辅导员具备基本能够完成微信公众号管理者具体任务所需要的基础性理论知识和能力结构，能够结合微信公众号开展基本的思想政治教育及事务管理等工作。

（2）提升发展性能力

具备基础性能力的辅导员可根据自身特征、意愿及专业学习经历、兴趣爱好、特长优势等构建自身专业领域，并以辅导员微信公众号为平台推进自身政治理解能力、信息察觉能力、组织管理能力等能力的专业化发展，形成自我发展的优势。

因此，当前的主要任务是通过校内选拔辅导员组成微信公众号建设队伍，重视利用心理咨询和就业指导两支队伍，以及辅导员职业能力发展的经验，在“经验复制”的基础上努力实现创造性传承与创新性建设，逐步打造以思想政治教育专业为学科基础的专业化辅导员微信公众号团队，并把经验普及化，以加强各大学校辅导员队伍的交流。

5. 挖掘分析数据反馈

微信公众号平台中的数据反馈是帮助辅导员实现更高质量的思想政治教育工作的重要途径之一，学生在进行微信公众号的浏览和使用之后，会呈现出相关的后台数据分析，并且学生也可以进行自主的留言和评价，这些功能和作用能够帮助辅导员在新媒体教育环境下全面了解思想政治工作教育，为辅导员推进工作顺利有效地进行提供更好的数据支持条件。因此，相关工作者应当充分重视微信所自备的后台数据分析功能，充分利用这一现有价值和数据收集途径，不断挖掘和分析学生的反馈意见，更加关注和全面理解学生的思想动态变化和需求。

（三）微信对思想政治教育的影响

1. 增强了学校思想政治教育的实效性

微信作为当下流行的社交工具，为学生和教师提供了一个表达意见、交流信息及分享思想的重要网络平台，也对学校思想政治教育产生了重大影响。学生通过微信平台，随时随地接收和发送信息，能够通过各类公众号和学校、学院、班级等微社群获得思想政治教育方面的学习资源并进行互动分享。微信借助自身实时互动和动态化的特性为学生提供了更加便利的学习条件，一定程度上满足了学生在知识获取、情感熏陶、职业规划等方面的多样化需求。微信平台资源的合理利用，能够在很大程度上为学校思想政治教育提供便利，促进学校思想政治教育质量的提高，既达到扩展思想政治教育路径的目的，又能够提高学生对学校思想政治教育的认可度。

2. 丰富了学校思想政治教育的形式

教师可以借助微信搭建授课平台，对学生进行线上授课。以云课堂为例，即便大家在不同的地点，也可以通过同一课程号码登录，进行统一的课堂学习，学生有任何问题可以通过发送弹幕的形式进行反馈，也可以在弹幕中就老师提出的问题展开交流，这样的上课方式既新颖又提高了教学效率，不失为一种良好的授课手段。

三、“微时代”对思想政治教育的影响

（一）丰富了思想政治教育内容

“微时代”的出现和发展，为学校思想政治教育的发展提供了很多获取资源的渠道和手段，为学校思想政治教学提供了丰富的素材和内容。“微时代”带动了智能手机、智能移动终端设备，以及 APP 客户端的普及和广泛的应用，将人们之间信息的传递、交流和沟通，拉进了一个没有任何限制和障碍的时代。

微博作为“微时代”具有代表性的媒介，有利于丰富学校思想政治教育的内容。当前学校思想政治教育工作的首要任务就是要让马克思主义思想体系成为众多信息的主力军，让马克思主义思想政治教育的经典书籍成为学生的必读之物，让学生自觉养成马克思主义理论的爱好。生活在“微时代”下的广大青年学生要坚定不移地用马克思主义的基本理论观点、社会主义核心价值观，以及中国梦为引导，坚持传播正能量。利用微媒介的强大功能，实现信息资源之间的共享和交流传播，从而弥补传统思想政治教育模式中内容落后、信息不对称等缺陷，激发学生对于新时代、新时期、新思想的学习热情和积极性，拓宽学生的视野，激发学生对思想政治教育学习的强烈求知欲，丰富学校思想政治教育的内容。

微博的主要特点就是互动性，学校微博一改传统思想政治教育的交往模式，

把藏在内心的话语以虚拟和隐蔽的形式，倾诉给思想政治教育工作者，双方处在相对平等的地位进行无障碍的交流，学生把真情实意呈现在学校微博上，教育者可以接触到受教育者的内心深处，这样的思想政治教育才更有说服力。

（二）创新了思想政治教育方法

传统的思想政治教育方法主要是通过教师在课堂上的讲授课程、召开讲座等单一的形式进行"填鸭式"教学或者"满堂灌式"的教学，其思想政治教育的形式枯燥乏味，大大降低了学生的学习兴趣。教师作为思想政治教育的主体，传授知识的方法受到课本和课堂教育形式的限制，学生和教师之间缺乏交流沟通，降低了学生课堂上参与的积极性，教学的理论体系不能真正地被学生及时地掌握，不能贯穿到学生的头脑中，学生只能被动地接收教师传递的信息，造成了学生和教师之间出现了对立的现象，拉开了学生和教师之间的距离。

随着微博、微课等的出现，逐渐将文字、图片、视频等形式与传统的思想政治教育教学结合起来，增强了学校思想政治教育教学方法的灵活性，提高了学生主动学习思想政治教育的积极性，教学成果也得到了显著的提高，从而使思想政治教育的理念深入学生的内心，实现学生思想由外化向内化的飞跃。"微时代"下信息的传播还具有互动性强的特点，各种信息鱼龙混杂，学生可以通过微信、微博等自由地表达自己的思想情感、看法及观点立场。学校思想政治教育工作者可以及时地了解和掌握学生的思想动态和心理诉求等。学生和教师之间的交流不再只局限于课堂上，学生和教师之间可以通过微信、QQ 等建立群聊或可以通过微博互相关注，及时对学生的学习、生活等方面的问题进行随时的交流和沟通，促进学生和教师之间建立良好关系。情感交流与理论教学相结合，不仅可以增加学生和教师之间的双向互动，还可以使学生的思想水平不断得到提升，教师也因此赢得了学生的信赖和尊重。

"微时代"下信息传播的内容具有极强的吸引力，传播速度快，学校思想政治教育工作者要善于利用微平台对典型教育事件进行宣传和报道，传统的报纸、杂志等信息的滞后性且信息传播的范围也较为有限，无法及时发挥榜样的示范力量，导致典型教育被弱化。对借助典型教育法学生进行思想政治教育，可以使学生潜移默化地接受熏陶，容易被学生所接受。坚持及时地更新学校思想政治教育教学的主要手段，而不是将此流于形式，不断地取得学生的信任和支持，这才是思想政治教育能够真正取得实效的关键。

微博的便捷性，适合随时随地开展思想政治教育。微博无需发布人有多深厚的文字功底，只需要在日常发表只言片语，而且微博可以依托于多种终端，学生可以在宿舍用电脑浏览微博，也可以在外面随时用手机浏览微博。这种便捷性增加了用微博开展思想政治教育的可行性，使学生随时随地接受教育，可以从单纯地在学校主动接受思想政治教育，变成日常潜移默化“润物细无声”式地接受思想政治教育。

（三）拓宽了思想政治教育渠道

在学校传统的思想政治教学过程中，受教育者获取信息的主要途径是通过教师面对面的讲授，以说教的方式进行知识的传授，信息的传递比较单一，教师一个人的输出严重地抑制了学生的求知欲，造成了学生和教师之间地位的不平等，使学生缺乏质疑精神和探索创新精神，缺乏独立思考的能力。“微时代”的到来改变了学校思想政治教育教学的传统模式，为学校思想政治教育工作开辟了一条全新的渠道和手段，微电影、微视频等为思想政治教育工作注入了新的元素和活力。

“微时代”下传统教师的主导地位受到了挑战，学生从被动地接受知识，慢慢地变成了主动去接受知识的一方，学生的求知欲得到了激发。“微时代”下人们的交流可以在虚拟的条件下进行，打破了必须面对面交谈的形式，人们可以随时随地地进行语音、视频、短信等交流，也可以借助微媒介随时随地地发表自己的看法和意见，可以自由地表达自己的内心最真实的想法的意见，可以随意关注自己感兴趣信息，拥有较大的自主性和主动性。

学校微博的开通，更是开启了学校网络互动的时代。在学校微博中，经常可以查找到学校的有关宣传信息和开展活动的内容，还不时与粉丝进行互动，增强学生的亲切感。

研究者从相关资料中了解到，现在绝大部分学生经常通过微信、微博、微视频等微媒介了解国家大事和形势政策，只有一小部分学生还是通过广播、报纸、电视等传统媒介进行相关资讯的了解，通过思想政治教育理论课去了解相关知识的学生更是寥寥无几，由此可见，大部分学生更加倾向于通过微媒介这一渠道进行信息的获取和传播，这就打破了传统媒介信息来源单一的格局，同时以微信、微博为代表的微媒介越来越得到学生和教师们的喜爱和广泛应用。

（四）优化了思想政治教育环境

人的全面发展和进步总是离不开环境这一要素，不管是个人思想品德的形成，还是开展思想政治教育的活动，都受到自身所在环境的制约。但是，人具有主观能动性，这使得人们能够通过自己的努力在遵循客观规律的基础上去改变环境，为人们的各项活动包括思想政治教育活动提供优良的环境。在“微时代”背景下，学校思想政治教育工作的整个环境体系随着时代的变化发展发生了天翻地覆的变化，微媒介的广泛普及和应用扩充和丰富了学校思想政治教育的教学资源和内容，打破了传统知识局限于书本、校园的现象。

思想政治教育能否取得良好的效果，取决于教育者与受教育者之间的交流和沟通。在传统的思想政治教育环境之中，学生和教师之间的地位一直是不平等的，教师一直处于高高在上的地位，而学生则处于被动地接受知识的地位。由于二者之间的地位不平等，使得在传统的思想政治教育课堂上，思想政治教育教学的效果一直不明显。“微时代”环境下的学生思维活跃，有很强的独立意识，他们渴望被接受、被认同、被尊重、被理解，希望可以得到公平对待。所以，教育者要结合受教育者自身的特点，真诚地倾听他们的心声，时刻关注他们的动态，尊重他们的地位，与受教育者建立亦师亦友的良好关系。

（五）促进了思想政治教育资源共享

教育资源分布不均衡，是制约我国当前教育发展的主要问题。“微时代”的到来，有效地解决了教育分布不均衡的问题，“微时代”下信息的大众化传播，促进了信息资源的共享，打破了传统思想政治教育理论课堂单调乏味的氛围，弥补了我国学校一直以来思想政治教育资源单一不平衡的缺憾。

“微时代”的到来促进了学校思想政治教育资源从现实走向网络，从单一走向多元，面对面口述的知识授课方式逐渐被淘汰，“微时代”加速了传统书本和口头传授知识的速度，使静态的书本知识变得生动有趣。

“微时代”下的信息传播具有瞬时性和开放性，使得思想政治教育工作者能够在第一时间进行选择和使用，而微博更新的速度更是以每秒钟数以万计次进行的，通过网页、信息门户等传输到网络空间，为学生学习思想政治教育的内容提供一个阅读、浏览、学习、分享的平台，“微时代”所传递的信息量是以往所有的传统媒体都无法比拟的，大大提高了思想政治教育工作的效率，促进了思想政治教育资源的合理的分配和共享。

以微博、微信、QQ 等为代表的微媒介应用，瓦解了传统的点对点、面对面的教育形式，学生可以自主地查找更多的学习资源，自己可以在网络上搜索相关的学习资源，学生和教师之间可以随时进行交流，学生可以有针对性地与教师开展交流、讨论，及时地发表自己的看法和见解，有利于克服学生在课堂上胆怯的行为。思想政治教育者本身也可以从不同的教学资源中获取更多有价值的信息，不断地完善自己的教学目标和方法，使教学资源更加贴近学生的生活。“微时代”促进了学校思想政治教育内容从传统的静态的教授走向了动态的互动交流，从现实走向网络，从平面走向立体，促进了学校思想政治教育资源的共享。

第八章　基于现代教育技术的思想政治教育

第一节　基于现代教育技术的思想教育实践探索

一、技术助力思想教育的原则

随着现代信息技术特别是网络技术和全媒体技术的快速发展，各种先进技术进入人们的视野，深刻改变着人们的生活方式、思维方式和交往方式，引起了各领域的变革，也给思想教育带来了前所未有的冲击与挑战，使其置身于技术环境包围中。充分认识技术与思想教育之间的逻辑联系，探寻技术助力思想教育的内在理路、原则遵循与实践要旨，更好地利用技术为思想教育服务，对推动新时代思想教育的创新发展具有重要的意义。

（一）技术助力思想教育的内在理路

首先，从技术的产生和本质来看，技术伴随人类的发展而发展并为思想教育提供内源性发展动力。一方面，技术的本质是社会生产力的反映，技术推动社会实践活动开展。人类历史上的每一次社会变革都伴随着技术的革新与进步，先进的技术是社会生产力的象征。另一方面，思想教育是具有鲜明意识特征的社会实践活动，自阶级社会产生以来它就伴随着人类实践活动而发展，受到技术及特定社会关系的影响，并打上这种社会关系的烙印。不同时期的技术带来了不同的教育方式和教育体验。以今天的技术发展为例，虚拟现实技术具有仿真性、沉浸式和交互式特征，它能够突破时空的物理限制，重构模拟现实的社会关系场景，也就是说它能再现历史场景，使学生置身于其中，沉浸到这种“社会关系”中。数字多媒体视频技术能够制作出古代、现在甚至未来的场景，让人体验处于这种“社会关系”中的感受。许多气势恢宏的场面如果不借助技术手段来完成，人们单纯地利用现实条件是完全无法体验到的。利用这些技术就能大大拓展思想教育的内容空间，丰富教学方式，提高思想教育的吸引力，从而提高教育的针对性和有效性。

其次，从技术哲学视角来看，技术拓展了人的对象性活动范围和能力，不断推动思想教育的改革创新。人从学会劳动、制造工具开始就是技术的人，社会也从那时起成为一个技术的社会，可以说，人的发展就是技术的发展。技术不仅是人类文明的重要内容，也是建构其他文明形态的“脚手架”。从人猿开始，人从制造简单工具到制造复杂工具，直到发明机器，人便在发明与创造工具和装备的互动中掌握对象，以满足自己的生存发展需要。这种互动是人的肉体器官、天赋装备和自然力的延伸与放大，因而它能扩展人的活动的对象性，展开主体性笼罩的范围，从而使人的需要域和满足需要的对象域也相应地扩展。这意味着它能为人的活动、人的存在提供和开辟越来越广阔的时间—空间界域。从石器时代到手工工具时代、机器时代，再到如今的全网智能时代，无线网络、人工智能时代，虚拟现实、物联网等技术延伸了人的器官，成为现代人的“义肢”，不断扩大人机互动的广度和深度，引起人们的生存方式、交往方式、思维方式等全方位个人存在方式的深刻变革，使人与技术高度融合、共生共存。处于人的社会活动中的思想教育无疑无法独善其身，不受这种“共生关系”的影响，即使我们把今天的思想教育看成一种技术环境也不为过。现代技术已经构成人类生存的整体环境背景，无论经济的、社会的、政治的或思想的研究，都必然会涉及技术，这是不以任何人的主观意志为转移的。如今全媒体、自媒体、移动网络等技术将思想教育紧紧包裹其中，教育者只有置身于技术视野下开展思想教育和充分利用技术，才能不断推动思想教育创新发展。

最后，从价值论的视角来看，技术满足了教育者和受教育者双方的个体需求。一方面，新的技术手段为教育者提供了全新的教育载体和环境，拓展了教育的内容和形式，不断创新教育模式，微课、翻转课堂、慕课等教育模式不断涌现，使全时多维互动和个性化教育变为现实，使教育效果更加高效，教育评估更加全面客观。如利用大数据进行数据分析和多元评价，利用网络和现代媒体技术开展思想理论课教育教学，利用深度学习开展学习分析等。另一方面，它为受教育者提供了自主学习和沟通互动的空间平台，延伸了学习、闲暇、游戏和课堂的技术理性和工具理性并不一定发生矛盾，只要把握好技术的理性尺度，将技术匡正在合理的范围内，设定适当的边界和限度，加强技术制度管理和规约建设，处理好技术与人、技术与教育之间的关系，就能充分发挥技术的客观、准确、快捷、高效的优势，实现技术助力思想教育的目标，让技术闪耀理性的光芒。

（二）技术助力思想教育的原则遵循

纵观思想教育与技术整合的历程，技术对增强思想教育的针对性和有效性，提高思想教育的吸引力和感染力有积极的助力功能。技术是把双刃剑，在带来机遇的同时也带来严峻的挑战，如技术消解了教育目标，技术化倾向给人带来价值危机；加重了教育对象困境，暴露道德沦丧和伦理危机；杂化了教育内容，带来多元化、复杂化的信息冲击；弱化了教育效果，颠倒主体和载体的角色地位等问题。思想教育与技术的融合要充分发挥技术的优势，因势利导地遵循技术助力思想教育的原则，以实现两者的共融共通和协调发展。

1. 以人为本的首要原则

技术的产生最初源自人的主体需要以及实践活动，其根本目的是促进人的解放与全面自由发展，科技发展使人类从繁重的体力劳动中解放出来，也使人类越来越离不开技术。人参与、贯彻技术意志，人被功能化，成为人力资源、技术工作人员，再也不能直面自己的真实本质，人的生命意义被连根拔起。一方面，坚持以人为本才能促进人的全面自由发展。思想教育和技术的根本目标一致，都指向人的自由全面发展。人的自由全面发展包含两层含义：一是人的自由发展；二是人的全面发展。按照马克思关于未来社会人的发展的描绘，使每一个现实的具体的人都能摆脱一切束缚和限制，实现人的活动、人的素质以及人的个性的全面解放和自由全面发展，即“人要占有自己的全部本质”。这种占有是不受任何束缚的，摆脱束缚人发展的各种外在与内在的局限和限制，是全面的占有，其前提条件是完整的人，而不是被技术异化的人。技术助力思想教育，就要真正坚持以现实的“人”的发展需要为一切工作开展的前提，不以技术“绑架”思想教育，真正将人的自由全面发展作为技术助力的出发点和落脚点，才能实现技术“助力”的真正价值。另一方面，只有坚持以人为本才能更好地促进技术的发展进步，实现思想教育与技术的协同发展。人是技术创新发展的核心要素，技术的升级换代、研发更新无不需要人的智力投入和情感投入，缺少人的主观努力，技术发展就无从谈起。因此，无论是从促进人的发展还是技术自身发展来看，以人为本都是技术助力思想教育应遵循的首要原则。

2. 价值性与方向性一致的核心原则

思想教育是党的思想教育，具有鲜明的中国特色，任何时候都要具有马克思主义底色和中国共产党的特征，坚持技术呈现的内容与正确的政治方向相一致是技术助力思想教育要坚持的核心原则。一方面，思想教育要保持自己的政治本色和鲜明的意识，确保思想教育与技术的融合始终朝着正确的方向发展，这就要求教育者高举中国特色社会主义伟大旗帜，坚持马克思主义指导地位，用社会主义核心价值观引领主流意识，占领思想理论课主渠道和网络思想教育主阵地，牢牢把握领导权、主导权和话语权。另一方面，思想教育具有教育引导学生树立正确的世界观、人生观与价值观，促进学生全面发展的价值指向。这就要求教育者要落实立德树人根本任务，精心挑选教育内容，使之符合教育目标和学生发展需要，而不能一味地迎合教育对象口味滥用技术，也不能为了使用技术而分解教育内容，影响教育内容的完整性，更不能滥用信息化、智能化、数字化等技术优势使思想教育娱乐化、生活化、低俗化，弱化思想教育的价值引领功能，进而影响思想教育的效果。要充分利用技术优势为思想教育服务，利用技术手段甄别网络空间中的各种负面信息和反马、假马、非马等社会思潮，维护网络安全；利用技术优势开展网络思想教育，积极弘扬社会主义核心价值观，传播社会正能量，助力思想教育创新发展。

3. 科技与人文相统一的基本原则

过度技术化倾向会导致科技与人文相背离，使人类陷入生存与发展的困境，这是思想教育所不愿看到的。科学与人文同源同质，都源于人的实践活动，也都服务于人的实践发展，它们理应相互促进，共同融合于教育过程。在思想教育与技术的融合中，我们要摒弃技术至上的思维理念，避免走入唯技术的深渊。思想教育过程就是融合科技与人文的过程，无法摒弃科技而只谈人文，也无法只用科技而缺失人文，既不偏重技术唯工具至上，也不排斥技术的理性力量。因此，思想教育既要注重技术手段和方式的更新，也要注重人的知识、能力和智慧的提升，还要关注人的精神心理和道德的发展。

4. 主体与载体相协调的底线原则

思想教育与技术的融合要明确思想教育占据的主体地位和技术的载体辅助作用，明确二者扮演的主次角色差异性，才能在融合中坚守底线、保持本色。一方面，思想教育的主体性是由教育者的主体性、受教育者的主体性和教育活动的主体性构成的复杂整体。在教育实践活动中要确保思想教育始终处于主体地位而不是从属地位或次要地位，就要让这三者都充分发挥主体作用。教育者要围绕教育目标发挥主导作用，把方向、掌大局，设计安排思想教育内容，掌控思想教育的总基调和路线；受教育者要自觉认同教育目标，自主接受教育内容，主动调节心理状态和行为，主动反馈教育感受，与教育者积极互动；教育活动要充分发挥教育者和受教育者主体间性的整合。另一方面，技术提供支撑手段，协助思想教育过程的设计、资源开发、利用、管理和效果评价，它本身是一种教育手段和载体，是为思想教育服务的。技术受思想教育的调控，在需要的地方呈现，不能喧宾夺主，就像舞台上的配角，它的作用就是烘托、支持思想教育顺利开展。只有正确把握思想教育主体和技术载体之间的地位关系，让它们保持适当的张力，才能防止思想教育被“技术化”，从而实现思想教育与技术的协调发展。

（三）技术助力思想教育的实践要旨

1. 更新思想教育理念

理念是理论创生的源头，也是行动实践的先导。纵览我国思想教育工作理念的变迁过程，思想教育的目标与内容，各时期教育对象的发展与诉求，其无不与社会发展和技术进步紧密联系，无不打上时代的烙印，只有紧跟时代潮流和顺应社会发展，才能更好地实现思想教育目标。如今随着技术手段的不断更新，各种现代信息技术日新月异，“互联网+”、新媒体、大数据、人工智能纷纷与教育相结合，思想教育处在一个技术大环境中。在新的技术背景下，不管是思想课教师还是思想教育工作者都要转变思维，主动更新观念，紧跟时代潮流，以积极先进的教育理念与技术融合，实现教育效果最优化。首先，要树立现代技术观。现代技术观要求紧跟技术发展变化，科学认识技术的功能与价值，辩证分析技术带来的利弊，积极利用技术优势开展工作。其次，要转变传统思维，树立现代思维。

现代思维包括互联网思维、大数据思维、新媒体思维等在内的各种新型思维方式，旨在将思想教育与各种现代信息技术相融合。最后，要重新审视技术环境中的“人”。教育者和受教育者都是思想教育的主体，现实的、具体的“人”在新的技术环境下有新特征、新需求，必须将主体“人”的发展变化及需求放在最重要的位置，才能实现真正的理念转化。

2. 把握思想教育与技术融合的规律

规律是反映事物本质的内在联系。当前学界对思想教育与技术融合的规律把握还不够，还没有获得普遍公认的研究成果，其原因之一在于技术更新换代频繁，各个时期的技术都不相同，每种技术各有差异，为规律的准确把握增加了难度。其实，思想教育与技术的融合并不是没有规律可循，只有了解和掌握思想教育与技术融合的内在规律，才能充分利用技术为思想教育服务。这就要求教育者系统了解各种技术的优势与特征，掌握其可利用于思想教育的可行性，对各种利弊进行分析评估。我们不仅要分析思想教育与技术融合的发生、发展过程与矛盾，从微观矛盾运动上升到整体规律的把握，还要对思想教育与技术融合的实践发展经验进行梳理总结，归纳每个阶段的特征，总结成功案例并建立优秀案例数据库。

3. 提升思想教育队伍技术素养

思想教育工作队伍的能力和素养直接影响教育效果，在现代信息技术环境下，一支思想先进、业务过硬、素养优良的工作队伍是开展好思想教育的重要保证。辅导员要运用新媒体和新技术，推动思想工作传统优势与信息技术高度融合。如今思想教育工作队伍正朝着职业化、专业化方向发展，对现代信息技术的使用是思想教育工作者必不可少的能力。以往传统的口头灌输式教育方式早已被淘汰，谁掌握了技术，谁就抢占了教育先机，技术的发展对教育者的思维理念、教育方式和手段、工作模式都提出了新要求。要加强思想教育队伍建设，培养一支既懂专业又会技术的工作队伍，提高教育工作者的技术素养，提升队伍的专业性，降低队伍的可替代性和随意性。一要加强思想教育、提高认识，要让全体教育工作者都认识到技术对思想教育的巨大影响，具备良好的伦理素养和媒介素养，树立现代技术观；二要加强现代信息技术能力培训，如网络技术、数据库技术、多媒体技术的专题培训，提升教育者的网络运用、网络安全维护、信息数据收集和多媒体应用能力，提升教育的针对性和实效性；三要与最新的技术应用接轨，如翻转课堂、慕课、云课堂、深度学习等教学模式的引进运用，鼓励教师创新教育手段，注重评价引导，在管理和考核评价中提高技术所占权重。

4. 着力思想教育内容建设

网络、多媒体等技术手段的运用带来图文并茂、声光混合的视听感受，技术运用在一定程度上提高了教育的吸引力和时代性，但很多时候这种运用仅仅是“思想教育+技术”的简单嫁接，而不是真正“融合”，造成了技术生硬地或过度地使用，消解了思想教育本来的使命，弱化了它的知识性与理论性。就像一部经典电影，剧本故事本身才是主体和灵魂，而特效只是陪衬。在思想教育实践活动中，其目标是使教育者形成一定社会和阶级所要求的思想观念、政治素质和道德品质，思想教育的内容才是最重要的部分，它承载着教育信息，是实现思想教育目标的“主角”。要加强思想教育内容建设，树立“内容为王”的教育理念，所有技术手段为内容服务，要坚持中国特色社会主义文化导向、价值导向，利用技术开发更加优质的教育资源，利用技术将有意义的内容“包装”得有意思，做到既“营养丰富”又“美味可口”，打造推出一系列内容丰富的素材和弘扬社会主旋律、传播正能量的优秀典型事例，不断丰富和拓展思想教育内容体系。总之，技术运用是为了更好地呈现内容或者为内容传达提供便利条件，任何时候都要避免技术喧宾夺主走入“技术化”的误途。

5. 加强教育对象媒介素养和道德建设

随着自媒体技术的发展，微信、微博、各种自媒体 APP 不断涌现，作为数字原生代成长起来的“00 后”群体，在现代媒体环境中，他们更多时候是自我教育的主体而不仅仅是受教者，技术对其思想、心理、情感和价值观都产生了深刻的影响，如果不加以正确引导，这种影响可能是负面甚至是有危害的。这就要求思想教育工作者加强对教育对象的思想道德教育和价值观引导，提升自我控制力、信息鉴别能力、风险抵御能力，不仅要引导教育对象树立正确的技术观，提升媒介素养，还要引导教育对象树立建构良好网络世界的主人翁意识，主动传播社会正能量，传播健康积极的价值观，参与创作创造优质资源，纠正摒弃不良信息，共同营造良好的技术环境。

总之，技术是先进生产力的标志，它以先进、快捷、多元、生动等优势特征推动思想教育的发展、改革和创新，对增强思想教育吸引力、感染力和实效性有积极的助力作用。在新时代呼唤思想教育与技术深度融合的时代背景下，关于技术助力思想教育的研究还有很长的路要走，技术与思想教育融合有何困境、何以有效、如何创新都是今后有待解决的问题。无论技术如何换代升级，不管思想教育有何新要求、新使命，总之，只要遵循技术助力思想教育的主要原则，把握融合规律，不断更新理念，加强对教育者、教育对象和教育内容的建设，就能让思想教育与技术融合闪耀夺目的光芒。

二、现代教育技术在思想理论课教学应用中的价值

现代教育技术在学校思想理论课教学中应用的价值日益突出，它作为一种辅助性教学手段，使思想理论课教学走向视、听、感有机结合的多元感官教学时代，有利于提高现代教育技术应用在思想理论课教学的人性化水平。利用现代教育技术可以创新思想理论课的教学方法、丰富思想理论课的教学内容、转换思想理论课的教学主体、创设思想理论课的教学情境、拓展思想理论课的教学时空等，从而推动思想理论课教学现代化建设，提升思想理论课教学工作水平。

（一）创新思想理论课的教学方法

现代教育技术是科技发展的产物，为思想教育领域带来了深刻的变革，为学校思想理论课教学方法的创新提供了强大的技术支撑，为学校思想理论课教学提供了多种技术手段。首先，借助网络搜索引擎、下载工具、Photoshop、绘声绘影等技术工具对思想理论课的信息化教学资源进行获取与处理，运用形象、直观、具体、生动的网络信息材料丰富学生的感性认知，调动学生的情感力量，提高学生的思想觉悟，使思想理论课由传统的讲授式教学向启发式教学转变；其次，借助 PowerPoint、Flash CS6、Camtasia Studio 等软件工具制作思想理论课多媒体课件与微视频，充分发挥声、光、色、影一体化的优势，如将学生喜爱的文化娱乐节目视频穿插到思想理论课的教学中，能够更好地提高学生主动接受思想教育的积极性，师生之间可以更好地交流讨论，使思想理论课由传统的宣讲式教学方法

向讨论互动式教学和情境体验式教学转变；最后，借助远程教育、网络教育、移动学习、公开课等方式实现思想理论课网络远程教育，发挥现代远程教育和网络教育的优势，接受思想理论课名师授课，大部分网络学员可以与名师进行网络互动，实现思想教育优质资源的共享，使思想理论课由传统的面授式教学向信息化教学转变。

（二）丰富思想理论课的教学内容

现代教育技术将有效的音频、视频、图片、Flash 动画等可视化教学材料进行组合，进一步优化了思想理论课教学，从而突破了传统教学案例单一的文本教材呈现的方式，丰富了思想理论课的教学内容。

（三）转换思想理论课的教学主体

学校思想理论课教师的传统角色定位为：首先是思想理论的代言人；其次是思想道德的说教者；最后是社会道德的训诫者。传统的思想理论课教学形成了老师讲学生听、老师说学生服的局面，肯定了教师的主体地位和作用，却忽视了学生的主体地位和作用。在“互联网+”课堂的教育时代，教育信息资源由散点式向网状式改变，延伸了教育资源传播的广度与深度，并具有极速、大规模、巨容量、低廉化的传播特性。思想理论课的学生可以自主随意地获取更多信息，打破了教师是信息占有者、传播者的传统印象。教师不再是求知的唯一源泉，思想理论课教学应更加关注师生间的身份平等和信息共享。现代思想理论课的教育者与受教育者之间可以进行平等对话、交流互动、辩驳观点，师生既可以成为彼此的主体，也可以成为彼此的客体，逐渐打破了传统思想教育主客二分的局面，将教育主、客体合二为一，统称为思想教育主体。学校思想理论课教学本质上是一种教育者和受教育者之间的精神性交往活动。思想理论课的教学主体是人，不是物，无论教育者还是受教育者均是富有思维能力与感情认知的人，不是纯粹的物。在思想理论教学中特别重视动之以情、晓之以理、授之以渔、导之以行、勉之以恒、持之以恒、学之以恒、行之以德、道之以德。思想理论课教师不能把学生看作是灌输的对象，应根据学生的心理认知特点，选择现代教育技术整合教学资源、调整教学方法、提升教学质量。

（四）创设思想理论课的教学情境

学生思想理论教育认知情境是指在这一教育的过程中，自觉地基于特定的情境对知识进行主动建构，教师和学生通过情境的互动，实现知识的生动性与个体性，达到个体的价值认同和意义实现。思想理论课的教学情境必须遵循切合教材实际内容的原则，使教学主体可以自主建构知识、自主讨论问题、双向互动学习，最后实践应用自我建构的知识，实现知、情、意、信、行的转化。目前，学校思想理论课教学非常重视创设教学情境，教师要根据教学内容、教学风格、教学班级的差异性，并借助现代教学载体创设认知情境。随着“互联网+”时代的到来，教育政策改革和任务驱向网络化资源倾斜，慕课、微课、翻转课堂等“教育新贵”缤纷出场。这虽然是针对传统教育教学的有效补充，但也带来了更多的挑战。师生要充分利用网络教学平台，通过微信、QQ、微博等通信软件进行学习交流、讨论互动、名师对话等。这样既延伸了思想理论课的虚拟教学空间，也为更好地创造教学情境提供了条件。

（五）拓展思想理论课的教学时空

目前，大部分学校思想理论课教师会面对百名以上的学生进行教学。在这样的情况下，受时间和空间的限制，思想理论课教师很难完全掌握学生的学习程度、学习行为和学习困惑，不能开展个性化的延伸教学。但是，以现代教育技术建立学校思想理论课程网站，积极建设网络教学平台，教师可以通过学生的点击量、留言量、课程的播放次数等一系列数据跟踪学生的学习过程、分析学生的学习行为、解决学生的学习困惑，充分延伸课堂教学的时间与空间。学校建设思想理论课的学科网站将拓展课堂结构，使现实生活中的学习延伸到了虚拟的网络课堂学习。网站主要包括教师队伍、教学内容、教学条件、师生互动等近10个栏目，将文字、视频、音频、案例、电子教案、电子课件等材料建成一个庞大的资源共享数据库。以课堂教学为基础，实现面授课堂、网络课堂、实践课堂“三位一体”的立体化时空教学模式，摒弃以往的思想理论课说教式为主的陈旧模式，实现优质教学资源的共享，为思想理论课的延伸提供新的发展时间与空间。

三、现代教育技术在思想教育实践中的应用

不断推动学校思想教育工作创新是党的优良工作传统，也是党在革命、建设和改革进程中取得胜利硕果的宝贵经验。区块链技术作为互联网技术之后引发人类社会重大变革的一项技术，即将深刻改变人们的思维逻辑、行为习惯和生活方式。学校思想教育事关着培养什么人、怎样培养人和为谁培养人的根本问题，事关着国家的未来、民族的希望、党的命运。学校思想工作必须守正创新，紧跟时代变化发展潮流，积极运用区块链新技术探索育人新载体、新途径和新方法，以更加契合学生思想动态、精神特点和认知习惯的方式和方法，从而引领学生成长成才。

（一）区块链技术对于学校思想教育的价值赋能

区块链是分布式数据存储、点对点传输、共识机制、加密算法等计算机的新型应用模式。简而言之，区块链的本质是一个具有不可篡改性、集体共享性且公开透明性的分布式记录账本。目前，区块链脱离了纯货币的形态，已经涉及教育、金融、医疗、文化等多个领域，对其进行更系统性的把握和更深层次的理解，挖掘其对学校思想教育的价值赋能，对于推动学校思想教育创新尤为必要。

1. **不可篡改的记录形态，助力学生思想动态的溯源管理**

人的思想意识是人言行举止的先导。思想教育工作本质上是做人的工作，其工作的着力点和关键点就在于如何把脉和引领人的思想意识。人的思想变化发展并不是一蹴而就的，而是一个量变到质变、渐变到突变的过程。区块链技术具有不可篡改的记录形态，可为学生因知识结构、人际交往、行为习惯等因素而产生的思想意识的变化和发展“存证”，无法撤销也无法更改，使学生的思想动态过程更加具有可溯源性，为思想教育工作者基于客观真实的资料数据解析学生的思想情况和精神世界提供技术支持。教育不是工业生产线，学生不是工业产品。只有深入了解和把握学生的思想境界、精神世界和心理特点，强化对学生的思想意识波动的预见性和针对性，及时明确学生的处境、诉求和目的，精准地把脉和纾解学生的思想迷惑点和生活困难点，思想教育工作者才能切实做到围绕学生、关注学生、服务学生，在引导学生思想意识的过程中才能够有更加具象的突破口和

更强的针对性，依据更加科学化、标准化和智能化的分析方法为学生制订符合其特殊性的思想引领计划，以一把“钥匙”开一把“锁”的方法，做到有的放矢、对症下药，提升思想教育工作的科学化、精细化水平。

2. 集体共享的储存方式，强化思想教育资源的整合

中国正处在一个大发展、大变革、大调整的时代，教育领域的改革已经步入探索深水区，平等共享、协同育人应当是思想教育亟须探索的重要命题。

区块链技术集体共享的储存方式能够在技术手段上实现信息平等共享机制的构建，使得思想教育资源能够以平等共享的形式得以有效整合使用，实现最大限度的教育资源交流和置换，拓展育人渠道、途径、时空，打破地区、校际、校内各部门和各学科之间的教育资源共享互通的壁垒，改变教育资源不平衡、不充分的发展形势，实现育人主体从“单”走向“全”、过程由“分”走向“合”、空间由“点”走向“体”，建立协同育人体系，助力大思想格局的构建。这也使得学生拥有更大自由选择的权利，选择更加契合自己精神特点、心理需求和人生发展目标的教育资源。当然，这并不意味着削弱教师对学生思想意识“形塑”的引领作用和主导地位，恰恰相反，在教育资源实现更加合理化、更强流动性的有效配置下，更加体现了教师作为学生精神成长和人生规划“引路人”“指路灯”的重要性和必要性。

3. 公开透明的共识机制，促进主体间信任关系的构建

教育主体间信任关系的构建一直以来都是思想教育工作理论研究的重要维度。思想教育工作者要更好地担起学生健康成长指导者和引路人的责任，就要关注学生、关心学生、关爱学生、倾听学生心声，而构建思想教育主体（师生）间的信任关系就成了关键。只有思想教育主体两者间构建相互信任的关系，思想教育工作者才能够真正成为学生的知心人，成为学生成长和成才的引路人。随着互联网实现“人人”“时时”“地地”的无缝衔接，文化信息传播方式由“单向性传输”步入“多向网状传播”，作为“网络原住民”的当代学生是网络空间中最为活跃的群体，也是受各种各样的网络文化信息影响最大的群体。他们熟悉各式各样的新时髦的“网言网语”、错综复杂的“新鲜事物”。一旦思想工作者无法与他们实现“同频共振”，就极易与学生之间存在“话语裂谷”，出现“代际鸿

沟”，从而产生“信任危机”。区块链技术公开透明的共识机制，可以解决这种信息不对称的问题，为深化思想教育主体间相互认知、认同提供良好的心理支撑和技术平台，加强两者之间的良性互动，推动思想教育主体间信任关系的构建，使思想教育主体两者真正成为知心朋友。

（二）区块链技术推动学校思想教育创新的实现理路

当前，社交媒体已成为学生获取信息、沟通交流的重要渠道，并以其特定的传播机制改变着学生的认知方式、价值观念和行为习惯。运用新媒体、新技术推动学校思想教育创新，是新时代学校思想创新研究必不可少且无可替代的关键工作，也是提高思想教育科学性、针对性和实效性的必要举措。区块链技术的出现势必会深刻影响人们的思维意识、行为习惯、心理特点和生活方式，积极探索区块链技术促进学校思想教育创新的方法和途径具有重要的意义。

1. 因势而谋：占领理论创新制高点

因势而谋，就是要基于事物变化发展的态势进行谋划。区块链技术在我国各领域的发展方兴未艾，正以其特有功能和特征改变着我们的生活，也为创新学校思想教育提供了新理念、拓宽了新渠道。目前，对于区块链技术的研究较多，但对于学校思想教育如何运用区块链技术的研究则较少。思想理论是人行为活动的先导，以区块链技术推动学校思想教育同样需要思想理论的引领。一是思想教育者要转变传统思想观念，深化对“区块链+”的认知，强化对区块链技术和学校思想教育的基础理论研究，深入把握区块链技术的变化发展态势，积极探寻学校思想教育与区块链技术融合的契合点，深刻剖析区块链技术与学校思想教育融合的关键矛盾点。二是要提升思想教育工作者的媒体素养，打造一支政治强、素质高、业务精的思想教育管理和运用新技术的队伍，加强针对区块链技术在思想教育实际运行和操作中的规范与引导。只有不断强化学校思想教育的理论创新和实践探索，才能使区块链技术在学校思想教育创新维度中走在理论前沿，占据理论创新制高点。

2. 应势而动：主动抢占思想新空间

应势而动，就是要根据时代变化与发展形势做出行动。区块链作为一项新兴技术，是一个传递思想文化的新阵地。对于思想文化阵地，正确、先进的思想文化不去占领，错误的思想和观点就会传播和泛滥。对于舆论话语权，社会主义核心价值理念不去主导，背离主流价值的思想就要抢占。所以，学校思想教育的中心任务就是立德树人，做好学生的思想价值引领工作，必须高度警惕西方对学生的思想侵蚀。

一是要坚持思想价值引领为导向，坚持以习近平新时代中国特色社会主义思想为指导，深刻认识新技术的运用并不是教育目的，而是教育的手段，要将弘扬社会主义主旋律贯穿于运用新技术的全过程，强化思想教育的内容供给。

二是要充分将区块链新技术和传统育人渠道相结合，提高思想教育的吸引力、感染力和实效性。

要深入探索与师生的认知习惯、精神需求、成长规律相“匹配”“合拍”的育人新模式，利用区块链技术将单向灌输、被动接受的思想传播方式转变为网状分布、即时交流的信息传递的方式，增强思想教育资源的可用性、交互性和协作性，主动占领思想新空间和优塑育人新阵地。

3. 顺势而为：把握技术发展新规律

顺势而为，就是指要善于发现事物变化发展背后所蕴藏的规律，根据事物发展变化规律有所为，进行改善与创新。

作为最大的变量，互联网传播技术革命带来了“百年未遇之大变故”，传媒领域和整个社会都因互联网技术的诞生而产生了深刻的变化。

做好学校思想教育工作不仅要遵循思想工作规律、教书育人规律、学生成长规律，还要善于运用新媒体、新技术使工作活起来，推动思想教育工作传统优势同现代化信息技术高度融合，增强时代感、吸引力和感染力。新时代开展思想教育工作，要积极借助新媒体、新技术，把握区块链新技术发展规律，利用区块链新技术深入、科学、有效地解决学生的具体问题，将解决学生成长成才过程中的思想问题与解决学生的现实问题相结合，始终把握学生成长的时代特点、阶段特征和个性表现，不断改进和优化学校思想教育工作模式，发挥思想教育工作立德树人、铸魂立心效果的最大化、最优化。

第二节　基于现代教育技术的思想教育教学模式创新

一、思想教育翻转课堂创新研究

学校思想理论课对于学生树立正确的世界观、人生观、价值观有重要意义。如何提高学校思想理论课的教学效果，使其更好地帮助学生健康成长成为各学校普遍关心和研究的问题。随着时代进步和学生主体意识的提高，“翻转课堂”的教学理念被引入学校思想教育的课堂。

（一）翻转课堂的含义

所谓翻转课堂，就是我们所说的翻转课堂的教学模式，简称“颠倒课堂”“反转课堂”。传统的课程往往采用教师讲课、学生听讲、课后练习等学习方法。而翻转课堂将这种教学模式颠倒过来，不同于以往的教学模式，具有一定的趣味性和开放性。“翻转课堂”是将信息传输放在了课外，将信息理解放在了课堂上，增强了信息反馈效果，彻底颠覆了传统教学模式。

在教学过程中，教学模式影响着教学效果，教师在教学的过程中只是信息的传播者，而信息在传递过程中会受到很多因素的影响，比如学生对信息的认知水平、教师的授课方式等，都可能削减信息传播的效率。在我国传统的教学模式中，教师在课堂中开始讲解，直到学生完成课后练习作业，这就是信息传递的途径，是学生对信息进行消化理解的一个过程，最终的学习成效评价则通过考试的方式呈现。整个信息传播过程以教师为主导，课堂上的教学以灌输信息为主要方式，课后作业和考试成了教学评价的主要手段，评价方式过于单一，导致教师无法很好地了解学生的学习成果。

（二）学校思想理论课“翻转课堂”应用策略

1. 翻转课堂课前学习的设计

（1）学习视频的准备

翻转课堂一个最显著的特点就是网络平台能够提供内容充实、形式多样的教学资源，这是实现教学流程“翻转”的基础。首先，教师通过思想课集体备课，进一步明确教学目的、教材的基本内容，在此基础上梳理、提炼各章节的重点、难点及所要针对学生的思想困惑和实际问题，教师根据学生的需要给他们制作适合的视频。因为人类的注意力集中时间一般不超过 15 分钟，所以制作视频时要突出教材重点内容，视频课件时间在 15 分钟以内最佳。如“微课教学”以知识点为单位，将章节内容串联起来；“案例导读”可以精选来自现实、贴近生活、贴近学生的鲜活事例，将典型案例和视频短片等融为一体，以引导和启发学生阅读、思考。

利用网络平台进行“翻转课堂”教学方式改革十分重要，鉴于目前大部分学校网络教学平台和资源库建设不太完善的普遍状况，在使用之前首先要对其进行改革和维护，完善平台建设，从而更快、更好地进行资源整合，为翻转课题教学模式提供平台保障。各学校之间可以成立一定的联盟组织，组织一定的研发团队，构建共同的“思想教育网络教学平台”。在这一个平台上，各学校教师可以相互交流经验，分享精选教学视频和优秀教研成果，各学校之间可以吸取适合自己的优秀经验，进一步完善和丰富平台建设，有助于翻转课题教学模式在原有发展基础上实现更大的突破。

（2）“自主学习任务书”的布置

学生可以在课前轻松的氛围中研看教学视频，对视频中的收获和疑问进行记录，并完成“自主学习任务书”。翻转课堂使教师从知识传授者变成了学生学习的促进者和指导者，教师不再是知识交互和应用的中心，但仍然是学生学习的主要推动者。当学生需要指导的时候，教师便会为他们提供必要的支持。教师成为学生便捷地获取资源、利用资源、处理信息、应用知识到真实情景中的梯子、脚手架。教师要合理设计课前练习的数量和难易程度，利用“最近发展区”理论，帮助学生利用旧知识完成向新知识的过渡。学生课前可以通过网络交流工具与同学进行交流、讨论。

2. 翻转课堂组织

翻转课堂的课堂组织主要是小组陈述和师生之间的互动。

课堂展示方式：PPT、视频与陈述。课堂上学生首先要将学习结果进行展示，最主要的方式就是PPT、视频与陈述相结合。成果展示者由小组推荐产生，最好每人都有机会。PPT、视频和陈述相结合，要求形象、简洁、突出重点。

课堂交流方式：点评、解读与辩论。教师在认真倾听、准确理解学生的表达的基础上运用正确的观点加以点评。学校思想理论课具有很强的时效性，一些社会热点问题或事件往往成为关注的焦点，我们不妨组织一场辩论。通过辩论，学生会对一些问题有更深刻的认识，在辩论中教师要能控制局面，并正确引导学生。如在讲道德问题时，针对“老人跌倒扶不扶”这一问题可以适当引入讨论。

3. 翻转课堂的反馈评价环节

（1）对学生的考核

对学生考核的重点应放在学习态度、过程、方法、合作等过程性考核方面；学习知识量、技能的娴熟是考核的部分内容，但不应该是考核的重点。在完成课程一个单元的学习后，教师要组织学生对自主学习状况进行自评、互评，对学习过程和方法给予及时的评价。对于学习的过程性考核评价，学生的自评、互评、组间互评要占有较大比重。及时的学习测评有利于教师对课堂活动的设计做出及时调整，更好地促进学生的学习。思想理论课更注重知情意行，经过几年的实践，我们主张要注重学生的日常表现，学生的成绩应包括理论考核和实践考核两个部分，能不能用所学理论分析现实问题、解决问题是学生成绩评定的主要依据。

（2）对任课教师的考核评价

对任课教师的考核评价主要是其关于所任课程开发设计的理念和思路，课程标准的编制，对课程实施方案的设计及学习情境的设计，对课程微课视频制作和课程资源建设的贡献情况；对学生自主学习、合作学习的指导方面的态度和方法。考核重点不是讲授，而是营造学生“吸收内化”的情境、自主学习的状态，要对学生课前学习任务完成和交流准备情况、课堂组织状态方面加以评价，从而评价教师的引导和指导工作。

从学生能否运用所学知识对深层次社会问题进行关注和探讨，能否真正地区分好与坏、善与恶、美与丑、真理与谬误，能否坚持追求真理与正义，能否实现教材体系向教学体系的转化，能否实现知识体系向信仰体系的转化等方面评价教师的教学工作。

此外，学校要加大力度对现行教师评价体系进行改革，摒弃大部分学校仍然在用的重科研轻教学的体系，改为科研、教学两种体系并行的体系。学校可设立专门的科研岗和教学岗，两种岗位的工资、福利薪资保持正常，保证科研岗教师专心搞科研，教学岗教师专心搞教学，并为教学岗提供公平的晋升机会，让更多的教学工作者以最大的热情和真诚投入教学改革工作当中。

4. 打造自己的教研团队，加强技术支持

翻转课堂教学模式的探索和改革向来不是一件单靠某个或者某几个教师就能完成的工作。毕竟个人能力有限，靠个别教师单打独斗的时间和精力投入难以支撑庞大的教学改革，因此需要学校投入一定的人力、物力、财力，打造出自己的"翻转课堂"一流教研团队，包括一流教师团队、一流技术团队等。一流教师团队的打造需要学校对教师学历、教学经验进行严格把控，不能徇私舞弊。还要重视定期的教师培训，针对提高"翻转课堂"的教学能力做定期的培训，在培训过程中，一定要重视外出培训。外出培训在吸收外面先进理念和方案方面有重要的优势，因此在打造自己教师团队的过程中，对教师的培训应以定期培训和外出培训为主，为教师不断地注入新鲜理念和思维。对于技术团队的打造，学校不仅要加大资金投入引进先进的技术设备和系统，还要聘用专业的技术人员对教学平台和各种资源进行全程建设和维护。教师团队和技术团队要相互配合，形成一个强大的思想教育翻转课堂教研团队。

5. 加强引导学生对思想理论课的投入

针对学生大一、大二课业繁重的实际状况，要配合翻转课堂所借助的多媒体网络"微视频"引导学生学会充分利用零碎时间，学会"集零为整"。微视频的短小、深刻方便学生在打水、排队时间完成对某一重点或难点的学习。课堂要对学生有足够的吸引力，让学生可以主动挤出时间配合教师加入思想教育学习当中，可以制作生动有趣的教学内容吸引学生登录网络平台进行学习。现在已有一部分学校采用这样的方式来提高学生学习的热情和效率了。通过对学生灌输思想理论学习的重要性引导学生对行为的重视，让学生自主、合理地规划自己时间，抓紧一切可利用的时间观看思想理论教学视频，这一方式受到了学生的热烈欢迎，对于其他学校来说也不失为一个成功案例。

综上所述，在当代的思想教育中加入翻转课堂，颠覆了普通的教学方式。按照翻转课堂的教学过程，从翻转课前视频、自主学习任务书的准备、科学合理的翻转课堂组织、健全完善的翻转课堂反馈机制，以及翻转课堂教研团队建设等方面入手，将教师、所学内容及学生有机结合，将线上学习加入教学方式中，多方面探讨了翻转课堂在学校思想课程中的成功案例，相信在以后的教育教学中，翻转课堂会在更多的课程中实现，从而开创学校学习方式的新纪元。

二、思想教育慕课创新研究

在教育逐渐向信息化方向发展的背景下，以互联网、计算机等技术为核心的教育教学模式——“慕课”得以衍生。慕课指的是大规模、系统性、专业性的互联网在线开放课程，是一种充分应用现代信息技术的重要产物，对传统学习过程进行颠倒翻转，使学生在课余时间完成知识点的吸收、巩固或预习，将传统传授知识的课堂变为教师与学生共同交流的主阵地，使有限的课堂时间用于答疑解惑、讨论学习等，继而培养学生的学习能力。

（一）现代慕课教育背景为学校思想理论课程改革提供有利契机

随着“现代信息技术+教育教学”的不断发展，慕课逐渐为学校思想理论课程开展、改革工作带来了巨大的契机，为其改革的实现提供了巨大的可能性。慕课立足于现代互联网、计算机、云计算、大数据、人工智能等一系列的信息技术，彻底颠覆了传统教育模式下以教师为核心的教学模式，实质性地将学生变为教育工作、学习过程中的中心和主体，构建出一种现代化、科学化、符合新课程改革“以人为本”思想的全新教学手段。普遍来说，学校思想教育理论教学主要可以分为以下两个阶段：第一，知识传授阶段；第二，知识内化阶段。知识传授阶段，指的是教育工作者将自身对某件事物的客观认识，以主动方式传授给学生的一个过程；而知识内化阶段，指的是受教育者将教师传授给自身的外部认知有机转化为自身思维、思想的一个过程。其中，知识的传授是一个基础层，是实现知识内化的前提和铺垫，那么也就是说，知识传授就是知识内化的最终目的和目标。

在传统思想理论课程教学开展的过程中，知识的传授普遍发生在课堂中，知识的内化主要发生在学生课后复习、练习的过程中。然而，知识内化才是学生形成良好人格、道德品质的关键时期，在这个过程中，学生极有可能遇到各种问题，若不能得到教育工作者的及时正确的指导，那么极有可能将这些问题忽略掉；反之，如果能得到教育工作者的及时指导，那么将大幅提升学生内化知识的效率和水平。

慕课能够为学校思想理论课程教学改革提供源源不断的动力，赋予学生更为广阔的自由发展空间，不仅全程关注学生理论知识增长水平，也对学生的学习态度、个性化思想、个性化行为充分关注。在慕课教学模式下，学生能够将自身实际需求、最终期望以及自身的兴趣爱好有机融入思想学习全过程，将自身的主观能动性、学习积极性充分发挥出来，自由支配和选取所学内容、重点等。此外，慕课还能够促使知识传授过程在正式课堂开展前完成，使知识的消化、内化过程发生在课堂中，继而使学生在课堂上形成有问题随时提问、有问题随时探讨交流的良好习惯，大幅提升学生的学习效率和质量以及教师的教学成效。

（二）现代慕课教育背景下学校思想理论课程的改革路径和启示

1. 改革路径

在慕课的作用下，传统教育方法逐渐受到来自多个方面的挑战。慕课这种21世纪新兴的教育方法，其关键并不是优质教学资源的分享，而是慕课对教育改革的推进作用，更是其对教育质量提升的影响。

慕课这种全新的教学方式，将传统教学模式下以教师为核心的思想理论课堂转变为以学生为中心的课堂，为学校思想教育理论课程教学工作的改革带来了全新的发展动力。慕课也并不是无所不能的，我们不能将慕课过于绝对化，它也不能完全取代传统模式下的思想理论课堂。思想教育理论课程关乎现代青年学生人生观、价值观以及人格塑造等方面的重要内容，关系到社会主义现代化国家的长治久安等。因此，如何选用适宜匹配的教学方法，实现慕课线上教学和传统线下教学相结合的方式，将二者的优势完美地发挥出来，逐渐成为现阶段学校思想理论课教育领域亟待解决的重要问题。

在课堂教学开展以前，思想教师首先需要拟定下节课的主要任务，要求学生在课堂以外的时间里完成课程的听讲，通过互联网途径观看微视频的方式实现知识点、难点、重点的初步熟悉，并提出相关问题。微课视频具有时间短、内容精的优点，一般时长不会超过 10 分钟，与现代人快节奏的生活极为匹配。微视频需要由教师制作或者通过互联网查询，这些微视频不能过于松散，每一个微视频中均需要具备一个或者一个以上的知识点，使学生在观看视频的过程中明确目标、明确重点。

学生无论在食堂、宿舍或者图书馆，甚至在公交车上，均能够随时随地地观看视频进行学习，学习的时间、地点以及进度全部由自己掌控。在课堂教学的过程中，教师的角色不再是传统意义上的主导者，而是相关理论知识的教育者和引导者。通过课前的预习，学生基本已经熟悉本节课的内容，大幅度减少了教师课堂传授、讲解知识的时间，增加了学生和教师探讨交流的时间。具体而言，教师在课堂教学中，引导学生回顾视频中的重点内容，对视频中碎片化、相对零散的知识点进行梳理整合，对其线上学习具有强化和巩固的作用。学生也可以就观看视频过程中遇到的问题向教师请教，与教师进行直接对话，或者以讨论交流的方式与同学合作解决相关问题。

由此可见，慕课教育背景下的学校思想理论课程教学工作，其实属于一种“先学习，后教授”的教学方法，从根本上实现了新课程改革所要求的“人本化教学、个性化教学”，与现代青年学生人群的性格特点极为匹配。学生利用微视频进行系统性、重点性的学习，对下节课教师讲授内容基本有所了解，虽然由于学生学习能力、理解能力上的差异，其所用的学习时间也不尽相同，但是均能够在课堂中获得一定的发言机会，只要完成课前观看视频的学习任务，便能够主动积极地融入课堂提问、讨论环节，成为课堂上真正的主导者。

2. 启示

随着教育教学领域对“慕课”研究的不断深入，“慕课”也逐渐发展成为被教育工作者誉为“继活字印刷术以后最重要的发明”的教育教学模式。这种先学习、后教授的新型教学方法将我们对传统课堂的认知完全颠覆，从根本上提高了学生地位，使其真正成为课堂中的主导者。由此可见，慕课对我国学校思想理论课程的影响极为深刻，在这个过程中我们也总结出了部分慕课未来的发展思路。

（1）将教学主阵地与教学多阵地紧密融合

课堂教学工作是现代学校开展学校思想教育工作的关键任务，更是培养现代青年人正确人生观、道德观，树立社会主义、马克思主义思想观念的主要路径。提升学校思想课堂的质量和效率，不能将眼光局限于思想课堂，我们还要将眼光放得更远，提高对课堂以外教育工作的重视，充分利用现代互联网信息技术，将网络发展成为学校思想理论课程教育的主要基地，继而实现课堂主阵地和网络多阵地的有机融合。慕课完善了思想理论课程教育的过程与环节，对思想理论课教育主阵地的拓展起到重要的推进作用，促使学生的学习、理解、提问发生在课堂以外的地方，学生能够打破时间和地点的限制，只要有网络和手机就能实现自主学习，合理控制学习进度。同时，教师也可以在线上，如校园官网等，与学生进行积极讨论，帮助学生解决学习过程中遇到的问题，将传统的大水漫灌式教学合理抛弃，使学生的学习个性、学习情绪得以充分彰显，不仅能够大幅提升教学效率和质量，还能通过思想理论课教育培养学生的创造力、想象力。

（2）社会与个体需求的紧密融合

在社会需求方面，指的是社会针对自身发展所产生的需求；在个体需求方面，指的是个体针对自身发展所产生的需求。学校思想教育理论课程开展的过程，不但是教育工作者根据社会实际需求、虚拟需求组织构建的教育实施过程，也是依照现代青年学生群体需求实施教育、促使其接受教育的过程。因此，在充分满足社会需求的基础上，满足学生的个体需求，理应成为学校思想教育理论课程的关键点。然而，在传统思想理论课教学期间，相关教师普遍立足于统一化的课程标准、教学方法等，难以满足学生多元化、丰富化的需求。而慕课构建了一个系统化、内容丰富的知识平台，学生可以通过平台满足自身的需求。此外，教师还可以利用现代大数据分析处理技术对相关内容进行系统化分析，全方位、多角度地掌握学生普遍关注的问题和学生普遍存在的问题等，继而开展有针对性的辅导。

综上所述，自“慕课”教育模式诞生以来，其影响力逐渐向全球化蔓延，也对我国教育教学领域产生了巨大的影响，推动着相关工作的改革和发展。作为培养现代青年学生正确人生观、道德观，帮助学生树立马克思主义思想理念、形成社会主义的思想理论课堂，应看清时代发展步伐，充分审视传统教学模式存在的不足，总结慕课对于传统教学改革的作用，继而将慕课实际应用到思想理论课堂中。

三、思想教育微课创新研究

微课在学校思想教育中的应用不仅提升了思想教育课的吸引力，也丰富了思想课的表现形式。但是，微课自身的新颖性在为常态课教学带来便利的同时也存在着亟待解决的问题。因此，我们应辩证地看待微课，梳理正反两方面的信息，才能使微课得到常态的发展。

（一）微课在学校思想教育理论课中运用的意义

微课是一种非常不错的方法，将微课应用于学校思想教育理论课中，通过移情作用等心理机制引导学生自觉主动地将道德意识进行内化，这对学校思想教育理论课具有深远的意义。

1. 微课更能激发学生对思想教育理论课的兴趣

相对于其他学科来说，思想教育理论课概念枯燥、理论性强，对学生长时间运用一种教学模式，会使学生在一定程度上出现倦怠现象。就像边际效用递减规律告诉我们的一样，边际效用的大小与欲望的强弱成正比。在一定条件下，决定一个物品效益的并不在于这个物品数量的多少、体积的大小，而在于这个物品本身是否能够满足人的欲望。在欲望降低的情况下，即使使用这个物品的数量在增加，但从实际来说，其边际效用却是在递减的。对于思想教育理论课来说，长时间单一地使用一种教学方法，教学效果会随着时间的延长而出现一定程度的下降。而微课的应用恰好能在一定程度上缓解这个矛盾。微课应用在思想教育理论课中可以调动学生的多种感官，带给学生新鲜感，有利于学生集中注意力，更加符合学生的认知特点和心理特点。

2. 微课实现了“时时可学、处处可学”

微课以短小的视频为主要载体，突出了微课在终身学习、泛在学习、移动学习中的重要作用，实现了“时时可学、处处可学”。思想教育理论课的目的就是使知识渗透内化于学生心中，使学生能随时随地接受文化的熏陶、知识的传授，发挥思想教育理论课的主阵地作用。根据思想教育的学科特性，与时俱进是系统掌握政治知识的重要因素，而网络传播方式的多样化以及便捷性为微课的广度和深度提供了保障。微课资源除了微视频外，还包括与教学主题相关的教学设计、素材、课件、教学反思、教学练习、知识测试、学生反馈、教师点评等。同时，在思想教育理论课中应用微课要针对思想教育学科的教学重点、难点、疑点、易错点、易混淆点进行教学设计，强调了微课的可扩充性、可设计性、可视性等特点，能够更好地实现知识的共享，进一步发挥思想教育的作用。

3. 微课为学生搭建了自主学习的平台

微课的学习形式可以从线上到线下、从校内到校外，这种大环境可以激发学生自主学习的热情。微课满足了学生个性化学习的需求，在新时代下，学生呼唤个性化自主学习，而传统课堂教学很难满足学生的这个需求。由于每位学生的想法和理解程度不同，他们对知识的需求程度也不同，而微课正是满足学生个性化学习需求的一种新的教育形式。此外，微课也在一定程度上改变了教师的角色，教师不再是课程内容的传授者，而是学生学习的引导者和指导者，在微课的教学过程中，学生要主动参与教学过程，在参与教学的过程中实现思想道德知识的内化。

（二）微课在学校思想教育理论课中的运用

思想教育理论课是顺应社会主义制度的一门公民价值观教育课。我国的国家性质决定了思想课程是一门中国特色社会主义现代公民思想和道德法律素质教育课。微课的新媒体技术所建构的虚拟空间是现实社会的拓展与延伸，在这一虚拟空间中，思想教育的内容、方法等都可以通过有效解读与转换，在虚拟空间中得以组织实施。随着时代的进步和发展需求，微课在思想教育理论课上运用既可以从形式上顺应时代发展的变化，改革原有的教学模式，又可以坚定中国特色政治立场，培养爱国守法和高政治素养的良好公民。微课在学校思想教育理论课中的运用应注重做好以下三个方面的工作：

1. 注重思想教育的有效性

思想教育的有效性最根本地体现在受教育者理论思维能力的形成和提高，只有这样，受教育者才能正确判别各种各样的思想观念，保证思想选择、实践行为的正确性。在以往传统的思想教育理论课教学中，思想教育的内容对人们思想观念影响的深刻性、持久性不强，在对人们思想判别、选择、理解力等诸方面所产生的强化作用也有待进一步提高。

微课作为一种以微小视频为主要载体的教学活动，将其应用于学校思想教育理论课中，应该注重思想教育的有效性。在微课的设计时应遵循以下原则：一是学科视野的开阔性。学科视野指的是学生应该知晓的与学科相关的社会热点、焦点问题，并能用科学知识、学科立场和科学的思想方法对这些问题进行分析思考，而具有开阔的学科视野可以使学生具备较强的逻辑思维能力，使学生在处理问题的过程中具有长远的眼光，可以更为透彻地分析问题。微课具有一个重要的特点，即可扩充性。在制作思想教育理论课微课的过程中，应积极收集具有价值的信息，使学生在学习微课后可以更为辩证地看待学习、生活中的一切与思想教育有关的问题，合理分析问题，更加成熟地处理问题。二是思想教育的时代性。学生群体的特点是思维活跃，对于新事物、新思想有着浓厚的兴趣及敏感性，如此一来，学生的思想活动和行为方式在新时代的影响下，就会带有明显的时代烙印。这就要求思想教育工作者必须用发展的眼光来审视和分析学生群体的思维方式，从而增强思想教育的时代性。增强思想教育的时代性，是指思想教育的目标任务、方针原则、内容要求和方法手段等要跟上时代脚步。对于新时代的学生来说，滞后的教学内容及教学方式只会让他们对思想教育理论课产生厌倦，认为思想教育理论课的内容是“过时”的，进而逐渐产生排斥心理。应在微课教学中始终注重时代的发展及学科的发展，根据当前已经出现和将来可能出现的热点及难点问题，时刻进行微课内容的“更新换代”，以确保思想教育内容能常学常新、常教常新，从而永葆时代气息。

2. 注重思想教育的主体性

思想教育的过程主要是以党所倡导的符合时代发展方向的价值观念、政治意识、道德规范，去教育、引导、帮助受教育者的过程。在学校思想教育过程中，教育的主体是学生。确立学生在思想教育中的主体地位，利用微课开展主体性思想教育，让每位学生都成为“有时代感、能担当的社会主体”。学生群体的个性特征明显，现代教育科学认为，只有充分重视独立意识、批判精神等个性品质的教育，才能为社会培育出具有独特潜力与极富创新精神的劳动者。思想教育理论课作为具有浓厚人文精神的德育课，首先考虑的不应该是知识的传输，而应该是人的发展，即学生的发展。在思想教育理论课中应用微课，就需要思想教育者通过视频及配套的教学设计等，增强学生的主体意识，培养学生自强自立的自主精神、积极向上的进取精神、勇于开拓的创新精神、团结互助的协作精神等。与此同时，还要在微课的设计及实施过程中注重学生主体能力的开发，使学生在微课的教学过程中自己解决思想教育过程中遇到的一系列问题，巧妙借助微课引导学生不断创新，让学生以“主人”的身份参与思想教育实践，并在实践中做出对社会的判断及选择。此外，在微课的教学过程中，应尊重学生的主体地位，根据学生的兴趣爱好和个性差异合理设计微课，发挥微课的优势，使学生在民主、宽松、和谐的教育情境中实现知识、道德的内化。

3. 注重思想教育的社会性

学生是思想教育的受益者和传承者，在微课的实施过程中，应当引导学生将思想教育过程中受到的思想指导都转化为自身的内在品质，从而利用自己内在的品质指导自己的实际行动，形成正确的世界观、人生观、价值观，进而在社会中实现自己的价值。微课作为辅助教学的一种工具，因其短小精练、主题突出等特点，可以对学生产生深刻的影响。微课的授课形式新颖，以微视频为主要载体，这种形式会对学生产生强烈的感官刺激，且因为微视频较为短小，在一定时间内可以使学生集中注意力。应利用微课的这些特点，将思想教育的宏观思维、社会因素的影响、社会的相互关系等融入微课中。人的自然属性及社会属性，决定了人的价值具有个人价值以及社会价值两种属性。个人价值是社会对个人物质及精神上的满足，社会价值是个人对社会在物质方面及精神方面的贡献。思想教育要遵循个人价值及社会价值的统一性，在微课中要宣扬爱国、爱党的正确思想，使学生形成正确的社会信仰及社会性的自觉意识，从而促使学生形成规范的社会行为，在一定程度上实现社会的良性发展。此外，在微课中还要对国家政策、国家形势等进行分析讨论，使学生了解国家的形势与政策，通过微课向学生传递正能量，形成良好的社会效应，发挥微课的作用，实现学生的健康成长。

参考文献

[1] 陈华. 大学生思想政治教育与心理健康教育融合及实践 [M]. 成都：四川大学出版社，2023.
[2] 崔玉娟. 新时期高校思想政治教育教学与反思研究 [M]. 长春：吉林大学出版社，2023.
[3] 李维昌. 新时代高校思想政治理论课案例教学设计选编 [M]. 昆明：云南大学出版社，2023.
[4] 殷昭鲁. 融入与赋能高校思想政治理论课教学体系创新研究 [M]. 北京：新华出版社，2023.
[5] 王旭东. 新时代高校思想政治理论课教学研究 [M]. 哈尔滨：哈尔滨工程大学出版社，2023.
[6] 黄丽娟. 新时代高校思政教育理论与实践创新发展研究 [M]. 长春：吉林大学出版社，2023.
[7] 邵泽义. 新时代高校思想政治教育管理体系的构建研究 [M]. 镇江：江苏大学出版社，2022.
[8] 王子蕲. 高校思想政治工作日常教育体系研究 [M]. 天津：天津出版传媒集团；天津：天津人民出版社，2022.
[9] 高瑛，丁虎生. 新时代高校思想政治教育工作体系研究 [M]. 北京：光明日报出版社，2022.
[10] 张小飞，李琳，冯刚. 高校思想政治教育治理能力研究 [M]. 北京：团结出版社，2022.
[11] 巴雪冰. 思想政治教育视阈下大学生社会性发展研究 [M]. 天津：天津人民出版社，2022.
[12] 邓江武，杨小军，王梦悦等. 思想政治实践课：毛泽东思想和中国特色社会主义理论体系概论实践教程 [M]. 北京：中国言实出版社，2022.
[13] 郭鹏. 思想政治教育网络传播研究 [M]. 武汉：武汉大学出版社，2022.
[14] 严淑华，郭林锋. 大学生情绪管理与思想政治教育 [M]. 北京：冶金工业

出版社，2022.
［15］谷生然，王安平，张晓明. 大学生思想政治教育研究（第5辑）［M］. 武汉：华中科技大学出版社，2022.
［16］张坤. 高校红色基因传承与思想政治教育［M］. 秦皇岛：燕山大学出版社，2022.
［17］杨小岑. 高校思想政治教育工作创新实践［M］. 沈阳：辽宁人民出版社，2022.
［18］王彦军，段鹏飞. 新时代思想政治教育论［M］. 西安：陕西人民出版社，2022.
［19］吴健作，王祚桥，胡慧远. 思想政治教育形象教育研究［M］. 武汉：武汉大学出版社，2022.
［20］陈安琪. 新时代高校思想政治教育协同育人路径研究［M］. 北京：中译出版社，2022.
［21］屈靖，冷红豆. 职业教育理念下的思想政治教育建构［M］. 北京：经济日报出版社，2022.
［22］钟媛媛. 守正与创新高校思想政治教育理论与实践［M］. 北京：中国传媒大学出版社，2022.
［23］黄琳. 新时代大学生思想政治教育理论与实践研究［M］. 北京：中国财富出版社，2022.
［24］崔晋文. 思想政治教育中的美育问题研究［M］. 武汉：武汉大学出版社，2021.
［25］罗亚莉. 思想政治教育调查方法理论与实践［M］. 成都：四川大学出版社，2021.
［26］印建清. 大学生思想政治教育实践教程［M］. 北京：中国言实出版社，2021.
［27］倪瑞华. 思想政治教育认同基本理论研究［M］. 北京：中国民主法制出版社，2021.
［28］祁志钢，韩丽丽. 青少年思想政治教育原理与实务［M］. 北京：北京理工大学出版社，2021.

[29] 李晗. 网络时代大学生思想政治教育发展与创新研究［M］. 沈阳：辽宁人民出版社，2021.

[30] 钟家全. 互联网与新时代高校思想政治教育队伍建设［M］. 成都：西南交通大学出版社，2021.

[31] 邢飞. 高校思想政治教育教学改革与专业建设研究［M］. 北京：北京工业大学出版社，2021.

[32] 刘琳琳. 新媒体时代高校思想政治教育研究［M］. 长春：吉林大学出版社，2021.

[33] 李金平. 高校思想政治教育与学生管理工作融合发展研究［M］. 北京：北京工业大学出版社，2021.